21 Days

일간의
말씀묵상

나를 일으켜 세우는 감사

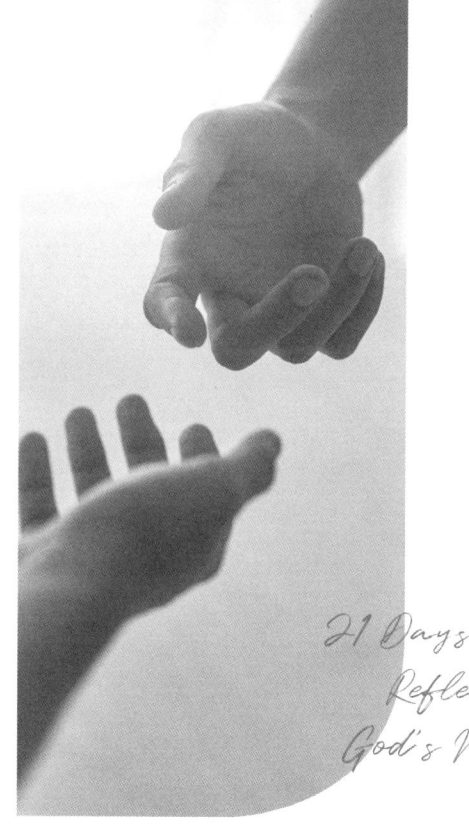

21 Days of Reflection on God's Word

요단
JORDAN PRESS

21일간의 말씀 묵상
나를 일으켜 세우는 감사

1판 1쇄 발행 · 2020년 11월 1일

지 은 이	이장렬 이충재
발 행 인	이요섭
기 획	박찬익
편 집	이인애
디 자 인	정은석
제 작	박태훈
영 업	김승훈 김창윤 정준용 이대성
펴 낸 곳	요단출판사
등 록	1973.8.23. 제 13-10호
주 소	(07238) 서울특별시 영등포구 국회대로 76길 10
기획문의	(02)2643-9155
영업문의	(02)2643-7290
팩 스	(02)2643-1877
온라인구입	요단인터넷서점 www.jordanbook.com

값 10,000원
ISBN 978-89-350-1859-8 03230
이 책의 한국어판 저작권은 저자가 소유하고 있습니다.
저자와 출판사의 사전 승인 없이 책의 내용이나 표지 등을 복제, 인용할 수 없습니다.

21 Days

일간의
말씀묵상

나를
일으켜
세우는
감사

요단
JORDAN
PRESS

저자 소개

이 장 렬

Days 1~7 및 부록 저술

• 이장렬 목사는 서울대학교(B.M.)를 졸업하고 서든침례신학대학원(The Southern Baptist Theological Seminary)에서 목회학 석사과정(M.Div.)을 이수했으며, 영국 에딘버러대학교(University of Edinburgh)에서 신약학 박사학위(Ph.D.)를 취득했다. 에딘버러대학교 재학 중 King's Evangelical Divinity School에서 가르쳤으며, DAAD 장학생으로 독일 튀빙겐대학교(Tübingen University) 개신교 신학부에서도 연구했다. 2010년부터 캔자스시티에 소재한 미국 남침례교단 소속 미드웨스턴침례신학대학원(Midwestern Baptist Theological Seminary)에서 신약학 교수로 후진을 양성하고 있으며, 복음서 연구와 신약기독론 분야에서 연구 및 저술 활동을 하고 있다. 2014년에는 재직 중인 신학교에서 <올해의 교수상>을 받기도 했다.

모국어가 아닌 영어로 원어민 학생들을 가르치는 그는 '영어로 말하는 것은 내 책임, 알아듣는 것은 학생들 책임'이라고 재치있게 말하지만 강의실에서는 부흥회를 방불케 하는 열정적 강의를 하는 것으로 알려져 있다. 그간 한국, 미국, 영국에서 다양한 한어권 및 영어권 회중을 섬겼지만, 성도님들께 배운 것이 훨씬 많음을 솔직히 털어놓는다. 또한 성경에 대해 잘 모르는 부분이 아직 너무 많으나 그만큼 배우는 과정이 보람되고 즐겁다고 말한다. 아울러 하루 일과 중 성경을 묵상하는 시간과 일과 후 가족과 함께 보내는 때가 제일 행복하다고 털어놓는다.

이번 가을 출간 예정인 *Christological Rereading of the Shema in Mark's Gospel* (Tübingen: Mohr Siebeck) 등 활발한 연구와 저술 활동을 하고 있지만, 이외에도 말씀 묵상에 근거하여 쉽게 이해되는 설교를 하고 쉽게 이해되는 글을 쓰는데 큰 열정을 갖고 있다. 그간 요단출판사와 함께 다섯 권의 책을 펴낸 것은 바로 그런 열정의 산물이다. 요한복음 21장에 대한 21편의 묵상을 담은 책「네가 나를 사랑하느냐」는 2017년 12월에 출간되어 많은 사랑을 받고 있으며,「예수님의 고난과 부활에 대한 40일간의 묵상」은 2019년 2월에 출간되어 바로 2쇄에 들어갈 정도로 큰 호응을 얻었다. 2019년 하반기에는 마태복음 1-2장을 다룬「25일간의 성탄 묵상」과 바디매오 본문(막 10:46-52)에 대한 10편의 깊이 있는 묵상을 담은「바디매오 이야기」가 출간되어 많은 관심을 받았으며, 2020년 상반기에 출간된「예수님의 고난과 부활에 대한 40일간의 묵상2」역시 많은 사랑을 받았다.

저 자 소 개

이 충 재
Days 8~21 저술

- 이충재 목사는 하나님의 도우심으로 이스라엘의 회개를 이끈 학자 에스라를 꿈꾼다. 하나님의 말씀을 연구하고 준행한 완전한 학자인 동시에 이스라엘의 죄를 눈물로 자복하고 하나님의 율례와 규례를 가르쳐 돌이키게 한 에스라의 사역을 꿈꾼다. 언제나 하나님의 선한 도우심을 입어 주어진 일을 감당한 학자 에스라처럼 하나님의 선한 도우심을 매 순간 갈망한다(스 7:6, 9).

그는 중앙대학교 재학 시절 예수님을 인격적으로 만나 신학자-목회자의 소명을 받고 합동신학대학원대학교에 진학하였다. 이후 고든콘웰신학교(Gordon-Conwell Theological Seminary)에서 신약학 석사를 이수하고, 서든침례신학대학원(The Southern Baptist Theological Seminary)에서 신약학 박사학위(Ph.D.)를 취득했다.

대학 시절 만난 은사의 영향으로 마태복음에 심취하게 되었으며, 최근 돌이킴(회개)을 마태복음의 중심 주제로 연구한 박사 논문 *Metanoia(Repentance) a Major Theme of the Gospel of Matthew* (Eugene, OR: Wipf&Stock 2020) 을 출판하였다. 그 외에도 「마운스 헬라어 문법」(복있는 사람, 2017)을 공역하였고, 박사 논문 지도 교수인 Jonathan

T. Penningtonn의 산상수훈 주석집 *The Sermon on the Mount and Human Flourishing*(Baker, 2018)을 번역했다 [가제: 「산상수훈과 인간의 참번영」(에스라, 2020년 말 출간 예정)]. 현재 영문으로 출간된 박사학위논문을 한글로 번역하여 출판을 준비 중이며, 마태복음 해석서를 집필하고 있다. 미국 복음주의 신학회(ETS)에서도 여러 차례 논문을 발표하며 활발한 활동을 하고 있다. 고든콘웰신학교의 겸임교수를 역임했으며, 현재 미국 뉴저지 동부개혁신학교(Eastern Reformed Theological Seminary)에서 교수로 사역하고 있다.

추 / 천 / 사

최근 우리는 '코로나 블루'라는 말을 자주 듣습니다. 심지어 '코로나 블랙'이란 말도 들려옵니다. 코로나의 우울과 절망이 우리를 지배하고 있다는 말입니다. 이런 시대에도 감사의 삶이 가능할까요? 여기 두 저자 분의 안내를 따라 감사절 전후 21일간의 묵상의 길을 걸어갈 수 있다면, 우리는 감사가 나를 일으켜 세웠다고 고백하게 될 것입니다. 감사로 이 시대를 극복하는 간증들을 기대합니다.

지구촌 목회리더십센터 대표 / 이동원 목사

저는 그리스도인의 가장 큰 덕목이 '감사'라고 생각합니다. 문제를 대면할 때 감사야말로 믿음의 표현입니다. 감사할 때 소망이 새로워지고, 감사할 때 사랑이 무르익습니다. 그렇기에 저는 「나를 일으켜 세우는 감사」가 우리를 영적으로 새롭게 만드는 특별한 도구가 될 것이라 확신합니다. 두 저자 분의 학자적 통찰력과 목회자적 열정이 모두에게 필요한 책을 낳았습니다. 모든 이에게 마음을 다해 본서를 추천하며, 이 추천이 또 다른 추천을 낳을 것을 확신합니다.

성광교회 담임목사 / 유관재

코로나로 인한 우울증은 한국을 포함하여 전 세계적으로 심각한 사회적 이슈로 떠올랐습니다. 자유를 만끽하던 사람들이 수많은 제약을 받으면서 삶이 우울해졌다고 고통을 호소합니다. 그러나 한편에서는 비로소 우리가 그동안 얼마나 많은 것들에 대해 감사하지 않은 채 살아왔는지를 고백합니다.

특별히 우리 그리스도인들은 어떠한 환경에도 불구하고 우주만물을 주관하시는 하나님에 대한 감사를 절대 잊어버려서는 안 됩니다. 모두가 어렵다고 하지만, 감사가 위기를 극복할 수 있는 분명한 능력임을 믿습니다. 이장렬 교수님과 이충재 교수님 두 분의 학자적 지성과 목양적 묵상의 통합을 통해 '감사'라는 성경의 단어를 멋지게 해석해 내는 본서를 보게 되어 참으로 기쁩니다. 신학적 사고와 깊이 있는 묵상을 돕는 여러 가지 질문들이 독자로 하여금 지나치기 쉬운 주요 이슈들에 주목하게 하며 성경의 깊이에 빠져들게 만듭니다.

모두에게 고난의 시기이지만, 하늘을 바라보며 하나님이 주신 수많은 말씀의 은혜로 인해 감사를 올려 드리시기를 바랍니다. 그런 의미에서 감사를 회복하기 원하는 모든 분들에게 이 묵상집을 적극 추천합니다.

지구촌교회 담임목사 / 최성은

추 / 천 / 사

하나님을 아는 사람은 감사하는 사람입니다. 예수님을 만난 사람은 감사하는 사람입니다. 죽음의 골짜기를 지나 다시 얻는 생명의 감격을 아는 사람이기 때문입니다. 이런 사람은 눈에 보이고 귀에 들리는 것마다 감사로 충만합니다. 어떤 사람을 만나도 감사의 기쁨으로 상대방을 행복하게 합니다.「나를 일으켜 세우는 감사」는 신앙인에게는 고백을 넘어 삶으로 나타나는 감사를 가르치고, 목회자에게는 감사로 교회를 인도하는 설교의 길을 열어주고, 일반인에게는 인생의 진정한 감사가 하나님으로 시작된다는 것을 보여주는 전도서가 될 것입니다.

워싱턴중앙장로교회 목사, 고든콘웰신학교 객원교수 / **류응렬**

21 Days
일간의
말씀묵상

∘•∘ 들어가면서

　팬데믹(pandemic)의 장기화로 너무 힘들고 지친다는 이야기를 자주 듣습니다. 상황의 어려움으로 인해 고민은 깊어지고 절망감에 다 포기하고 싶다는 이야기도 꽤 빈번하게 들립니다. 그런 가운데 우리는 곧 감사절을 맞이하게 됩니다.

　이럴 때 감사하기란 불가능하다고 느끼는 분들도 적지 않을 것입니다. 만일 우리의 감사가 상황에 근거하고 있다면 분명 그럴 것입니다. 그러나 우리의 감사는 하나님께서 그의 아들을 통해 행하신 일에 근거합니다. 본질적으로, 하나님 자신이 우리의 감사의 근원이 되십니다. 그렇기에 상황이 어렵더라도 우리는 여전히 감사할 수 있습니다.

　그렇습니다! 하나님이 그리스도 안에서 이미 이루신 일로 인해 우리는 여전히 감사할 수 있습니다. 그가 지금 이 상황 가운데도 우리를 빚어 가시며 변함없이 신실하게 일하고 계심을 믿기에 우리는 여전히 감사할 수 있습니다. 그리고 그가 장차 모든 것을 완성하시고 또 모든 것을 새롭게 하실 것임을 확신하기에 우리는 여전히 감사할 수 있습니다. 바울은 아무리 핍박과 오해를 받고 비방을 듣는 점철된

나를 일으켜 세우는 감사

인생을 살면서도 "범사에 감사하라 이것이 그리스도 예수 안에서 너희를 향하신 하나님의 뜻이니라"[살전 5:18; (엡 5:20; 골 3:17 참조)]고 담대히 선포할 수 있었습니다. '상황을 초월하는 감사'라는 표현을 접할 때, 무언가 대단히 예외적이라는 생각을 갖게 되곤 하지만, 실은 상황을 초월하는 감사야말로 바로 성경이 말하는 감사의 본류입니다. '그리 아니하실지라도'의 감사가 하나님의 말씀이 우리에게 가르치는 감사입니다!

우리의 감사가 상황에 근거한다면, 우리의 감사 생활은 상당 부분 조울증적이 될 것입니다. 우리 삶에 굴곡이 있고, 그 가운데 요동침이 적지 않기 때문입니다. 우리의 감사가 우리 주변의 사람들에게 달려 있다면, 우리의 감사생활은 변덕 심한 실체가 되고 말 것입니다. 사람들은 쉽게 흔들리고 태도를 바꾸기 때문입니다. 우리의 감사가 우리 자신에게 달려 있다면 사실 상황은 더 심각합니다. 우리가 종종 잊지만, 우리 자신 역시 주변 사람들만큼, 아니 그 이상으로 쉽게 흔들리고 변덕을 부리기 때문입니다.

그러나 우리의 감사는 이에 달려 있지 않습니다. 우리의 감사는 예수 그리스도 안에 있습니다. 상황이 어려워지고 몸과 마음이 지쳐갈 때일수록 우리가 직면한 상황 그 자체나 우리 자신이 아닌 하나님 그분(Who He is)께 주목하고, 그리스도의 십자가를 통해 계시된 그의 신실하신 사랑으로 눈을 돌리며, 성령을 더욱 힘입어야 합니다. 그 가운데 주님을 향한 우리의 감사를 새로이 회복해야 합니다. 그렇게 회복된 감사가 우리를 회복시킵니다. 새롭게 재활·복구된 감사가 우리 삶을 다시금 일으켜 세웁니다!

***

본서의 출판을 위해 수고해 주신 교회진흥원(요단출판사) 이요섭 원장님과 모든 스태프 분들께 진심으로 감사드립니다. 특별히 팬데믹 시대의 비대면 상황을 고려해서 '저자 묵상 및 해설'을 제외한 책의 모든 내용을 온라인 상에서 무료로 나누도록 배려해 주신 이요섭 원장님의 너그러운 고려와 신실한 동역에 감사드립니다. 늘 기도해 주시고 격려해 주시는 가족 한 분 한 분께 진심으로 감사드립니다.

이 책은 우선 감사절을 염두에 두고 쓰였지만, 사실 절기에 크게 상관없이 사용할 수 있는 내용을 포함하고 있습니다. 본서는 총 21일간의 묵상 및 3개의 부록으로 구성되어 있는데, 제1~7일 차 묵상 및 세 편의 부록은 이장렬 목사가 저술했고, 제8~21일 차 묵상은 이충재 목사가 썼습니다. 아무쪼록 이 부족한 책이 많은 분들께 의미있는 격려와 도전이 되기를 바라고 기도합니다. 팬데믹의 한복판에서도 성경이 말씀하는 감사의 본질을 잊지 않고 믿음으로 고군분투하는 성도들과 목회자들께 이 부족한 책을 헌정합니다.

2020년 9월
이장렬, 이충재

목 차

저자소개 004

추천사 008

들어가면서 012

이 책의 구성 및 활용 방법 022

Day 1
하나님의 하나님 되심으로 인한 감사 (시 136:1-3) 026

Day 2
창조하심으로 인한 감사 (시 136:4-9) 032

Day 3
구원하심으로 인한 감사 (시 136:10-16) 038

Day 4
구원을 이뤄가심으로 인한 감사 (시 136:17-22) 044

Day 5
인생의 한복판에서 우리를 만나 주심에 감사 (시 136:23-24) 050

Day 6
하나님 나라 복음의 광활함으로 인한 감사 (시 136:25-26) 056

Day 7
"그 인자하심이 영원함이로다!" (시 136:1-26) **061**

Days 8-16 추가소개 **068**

Day 8
인류의 첫 감사 제사 :
저주받은 땅의 소산물로 드리는 역설적 감사 (창 3:8-4:5) **072**

Day 9
노아의 감사 번제 :
구원과 '새 창조'에 대한 감사 (창 8:8-22) **079**

Day 10
아브라함의 번제 :
받은 전부를 돌려드리는 감사의 모범 (창 22:1-19) **086**

Day 11
이삭의 감사 제단 :
불신과 죄에도 불구하고 축복의 약속을 이루어 주시는
신실하신 하나님께 감사 (창 26:1-25) **094**

Day 12
야곱의 감사 제단 :
약속을 주시고 신실하게 이루시는 여호와를
나의 하나님이라 고백하며 드리는 감사 (창 35:1-15) **101**

목 차

Day 13
야곱(이스라엘)의 희생제사 :
요셉을 미리 애굽에 보내어 이스라엘을 구원하고
축복하신 하나님께 드리는 감사 (창 45:1-28, 46:1-4) **108**

Day 14
이스라엘의 번제와 십계명 :
감사로 시작해 감사로 마치는 400년 애굽 생활과
십계명을 지키는 삶으로 드리는 감사 (출 20:1-26) **115**

Day 15
여호수아의 큰 돌 :
하나님께 받은 은혜를 기억하며 섬김으로 드리는 감사 (수 24:1-28) **122**

Day 16
사무엘의 에벤에셀 돌과 다윗의 번제와 화목제 :
하나님의 임재와 말씀이 돌아옴에 드리는 감사 (삼상 7:3-12, 삼하 6:12-17) ... **130**

Days 17-21 추가소개 **138**

Day 17
아브라함과 다윗의 자손 예수님이 주시는 축복 :
심령이 가난하여 하늘 나라를 얻는
행복한 인생에 대한 감사 (마 4:17-5:3) **142**

Day 18
애통하나 안위를 얻고, 가난하나 땅을 얻는
행복한 인생에 대한 감사 (마 5:4-5) **149**

Day 19
의에 주려 의로 배부르고 긍휼히 여겨 긍휼히 여김 받는
행복한 인생에 대한 감사 (마 5:6-7) **156**

Day 20
마음이 청결하여 하나님을 보고, 화평하게 하여 하나님의 아들이라
일컬음 받는 행복한 인생에 대한 감사 (마 5:8-9) **163**

Day 21
의와 예수님을 위하여 핍박 받지만 하늘나라와 많은 상을 받는
행복한 인생에 대한 감사 (마 5:10-12) **170**

나가면서 **178**

부록1 더 깊은 묵상을 위한 가이드(주별 활용) **182**

부록2 "모든 육체에게 먹을 것을 주신 이"(시 136:25) **185**

부록3 목회자와 성도들을 위한 '응원가' **189**

나를
일으켜
세우는
감사

21 Days of Reflection on God's Word

이 책의 구성 및 활용 방법

- **이 책의 구성**

　본서는 감사에 초점을 둔, 21일 묵상 여정의 길잡이입니다. 첫째 주는 시편 136편에 근거한 7일간의 묵상 내용을 담고 있습니다. 둘째 주와 셋째 주는 구약과 신약의 여러 본문에 근거한 묵상을 제시합니다. 매일의 묵상 내용은 다음과 같이 구성되어 있습니다.

✓ **오늘의 본문** : 당일에 묵상할 성경 본문을 제시합니다.

✓ **저자 해설 및 묵상** : 해당 성경 본문에 대한 저자의 해설 및 저자 자신의 묵상을 제시합니다.

✓ **묵상과 적용을 위한 질문** : 본문에 대한 이해·묵상·적용을 돕기 위해 저자가 준비한 질문입니다. 질문에 대한 답을 직접 기록할 공간도 제시했습니다.

✓ **나만의 묵상 메모** : 독자들이 당일 성경 본문을 묵상하면서 누린 은혜를 직접 기록하는 공간입니다.

✓ **저자와 함께 하는 한 줄 기도** : 당일 묵상한 성경 본문에 근거하여 저자가 '한 줄 기도'를 제시했습니다.

✓ **기도와 결단** : 독자들이 자신의 기도와 결단을 적을 수 있는 공간을 별도로 마련했습니다.

✓ **주(추가 설명)** : 이해를 돕기 위한 추가 설명입니다. 이 내용을 읽지 않으셔도 본 책자를 사용하여 말씀 묵상을 하시는 데는 전혀 지장이 없습니다. 하지만 (1) 당일 묵상한 본문에 대해 더 깊이 이해하기 원하는 분들 (2) 가정이나 교회의 소그룹에서 묵상 나눔 리더로 섬기는 분은 제시된 추가 설명을 꼭 읽으시면 좋겠습니다.

• 이 책의 활용 방법 및 순서

독자들 개개인의 상황이나 소속하신 교회나 소그룹의 성격과 필요에 따라 이 책을 활용하는 방식이 달라질 수 있으리라 생각합니다. 그러므로 이하에 제시된 활용 순서를 '규칙'이라기보다는 하나의 좋은 예 정도로 이해해 주시면 좋겠습니다.

1. 가급적 아침 일찍 또는 하루 중 가장 집중할 수 있는 시간에 조용한 장소를 찾아 말씀 묵상을 시작합니다. 말씀 묵상의 첫 단추는 기도입니다. 당신의 마음 눈을 열어 성경을 깨닫게 해 달라고 주님께 기도하시기 바랍니다.
2. 시작 기도를 마친 후, 제시된 '오늘의 본문'을 2회 이상 천천히 기도하는 마음으로 읽습니다.

3. 본문을 읽은 후에, '저자 해설 및 묵상'을 정독합니다.

4. '저자 해설 및 묵상'을 정독한 후, '묵상과 적용을 위한 질문'에 대한 자신의 답을 적어봅니다.

5. 다시 '오늘의 본문'을 1회(혹은 그 이상) 기도하는 마음으로 읽습니다. 그 과정에서 말씀이 더욱 심령 깊이 뿌리 내리게 될 것입니다.

6. 아직 중요한 단계들이 남았습니다. 먼저, '나만의 묵상 메모'란에 당일 성경 묵상을 통해 받은 은혜와 감동의 기록을 남깁니다.

7. '저자와 함께 하는 한 줄 기도'부터 시작하여, 당일 말씀 묵상에 근거한 독자 자신의 기도와 결단을 '기도와 결단'란에 기록합니다.

8. 묵상한 말씀을 당일의 삶 가운데 적용하여 실천합니다. 묵상한 말씀을 기억하고 주님과 삶 가운데 동행할 때 비로소 말씀 묵상이 완성됩니다.

9. 가정이나 교회 소그룹에서 이 책자를 사용해서 함께 묵상하시면 더 좋습니다. 가급적 정기적으로 말씀 묵상 나눔 시간을 가지시기 바랍니다. 적어도 일주일에 1회 묵상 나눔 시간을 가지면 좋겠습니다. 예를 들어 묵상 나눔 시간은 다음과 같이 진행할 수 있습니다.

(1) 시작 기도

(2) 찬송

(3) 한 주간 묵상한 본문(혹은 그 일부) 낭독 혹은 교독

(4) 묵상 나눔 : 한 주간 말씀 묵상을 통해 가장 많이 은혜를 받은 부분 및 그 이유, 삶 가운데서 묵상한 말씀을 어떻게 실천하고 있는지에 대해 돌아가면서 나누는 시간

(5) 서로를 위해 기도하는 시간

(6) 마침 기도/찬송

묵상 모임의 성격과 필요에 따라 위의 순서와 내용은 얼마든 조정 및 변경이 가능합니다.

특별히 팬데믹의 상황 가운데서 비대면으로 묵상 나눔을 가지시거나 방역 수칙과 사회적 거리두기를 준수하시는 가운데 묵상 나눔을 가지시기 바랍니다. 위 내용은 주로 실시간 대면 및 비대면 모임을 염두에 두고 제시했으나, 메신저 프로그램 등을 통해서 비실시간으로 묵상한 내용을 서로 나누는 방법도 얼마든지 가능합니다.

하나님의 하나님 되심으로 인한 감사

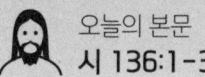 오늘의 본문
시 136:1-3

136:1 여호와께 감사¹하라 그는 선하시며 그 인자하심이 영원함이로다
136:2 신들 중에 뛰어난 하나님께 감사하라 그 인자하심이 영원함이로다
136:3 주들 중에 뛰어난 주께 감사하라 그 인자하심이 영원함이로다

―――――――― ∘• 저자 해설 및 묵상 •∘ ――――――――

　시편 기자는 '감사의 장(chapter)'이라고 할 수 있는 본 장을 시작하면서 예배와 찬양으로의 초청을 제시합니다. 그런데 이 초청에 있어 시편 기자가 가장 먼저 언급하는 내용은 바로 하나님 그분(Who He is)입니다. 지나친 자기 집착과 자기 연민에 빠져 있는 이 세상 가운데 살면서 그리스도인들 역시 세상의 흐름에 적잖게 영향을 받습니다. 그렇기에 하나님께 집중하고 주목하도록 우리 주위를 환기하는 것이 필요합니다. 시편 기자가 제시하는 예배와 찬양으로의 초대는 더욱 의미있게 다가옵니다. 답답하게 몇 주간 병실에 있다가 퇴원하여 아름다운 자연을 접하면 그 자체로 마음에 힐링이 되듯, 자기 숭배에 절어있는 세상 한복판에서 하나님 그분을 바라보는 것과 하나님 그분께 주목하는 것 자체가 힐링입니다.

하나님은 다른 어떤 존재와도 비교가 되지 않는 분이십니다. 우리 대부분은 다른 사람을 신분 또는 역할에 따라 구분하기를 좋아합니다. 그런데 하나님은 그 누구와 함께 묶여서 구분될 수 있는 분이 아닙니다. 하나님은 자신만이 속한 그 유일하고 고유한 범주(The unique and exclusive category of His own)에 해당하는 분입니다. 하나님은 기존의 모든 범주를 초월하는 분이십니다. 그래서 하나님의 고유성을 '초월적 고유성(transcending uniqueness)'이라고 불러야 마땅합니다. 오늘 본문 바로 다음에 오는 4절에서 하나님을 "홀로 큰 기이한 일들을 행하시는 이"로 칭한 것 역시 하나님과 같은 범주에 속하는 다른 존재는 없음을 암시합니다.

그런 뜻에서 오늘 본문 2절의 "신들 중에 뛰어난 하나님"을 그 "신들(gods)"과 유사하지만 비교 우위에 있는 분 정도로 이해하는 것은 너무나 불충분합니다. 본문 3절의 "주들 중에 뛰어난 주"를 그 "주들(lords)"과 비슷하나 상대적으로 우월한 분으로 보는 것은 매우 부적절합니다. 이에 대해 바울은 고전 8:4-6에서 분명하게 밝힙니다. "그러므로 우상의 제물을 먹는 일에 대하여는 우리가 우상은 세상에 아무 것도 아니며 또한 하나님은 한 분밖에 없는 줄 아노라 비록 하늘에나 땅에나 신이라 불리는 자가 있어 많은 신과 많은 주가 있으나 그러나 우리에게는 한 하나님 곧 아버지가 계시니 만물이 그에게서 났고 우리도 그를 위하여 있고 또한 한 주 예수 그리스도께서 계시니 만물이 그로 말미암고 우리도 그로 말미암아 있느니라"

바울은 "비록 하늘에나 땅에나 신이라 불리는 자가 있어 많은 신과 많은 주가 있으나"(고전 8:5) 하나님은 오직 한 분이라고 분명하게 선언합니다(고전 8:4). 우리에겐 오직 한 하나님, 한 주님만 계시다고 선명하게 고백합니다.

세상 사람들은 실로 다양한 존재를 "신"으로 또는 "주"로 칭합니다. 심지어 요즘은 연예인의 이름 앞에서 '갓(god)'을 붙여 '갓OO'라고 부르기도 합니다. 또는 'ㅇ느님' 같은 호칭까지 쓰기도 합니다. 그러나 참 신, 참 주는 오직 성경이 계시하는 하나님뿐입니다. 소위 '신'의 이름 혹은 '주'의 이름을 지닌 다른 존재들은 참 신, 참 주가 아닙니다. 그렇기에 그들을 '신'으로 또는 '주'로 부르고 섬기는 것은 우상숭배 행위입니다.[2]

오늘 본문(시 136:1-3)이 말하는 하나님의 뛰어나심은 그저 비교 우위가 아닙니다. 그의 초월적 우위입니다. 상대적 우위가 아닙니다. 절대적 우위입니다. 자기 집착과 자기 연민에 빠져 있는 이 세상 가운데 살면서 모든 것을 상대화하고 하나님과 그의 말씀마저 상대화 시키려는 시류를 접하면서, 그리스도인들은 하나님의 하나님 되심에 우선적으로 주목해야 합니다. 하나님 그분께 집중해야 합니다. 예배의 본질이요 중심이 하나님 그분이심을 새롭게 기억해야 합니다. 하나님의 하나님 되심에 대해 우리는 아직 한참 더 깊이 깨달아야 하고 그 가운데 하나님을 향한 감사를 회복해야 합니다. 그렇게 될 때, 우리에게 진정한 힐링이 있습니다.

1 시편 136편에서의 '감사'는 예배의 맥락에서 언급된 감사다. 그러므로 본 시편을 묵상함에 있어 감사·예배·찬양을 서로 나누어 생각할 수 없다.
2 시 135:15-18을 함께 참조하라.

묵상과 적용을 위한 질문

1. 하나님 그분께 주목하는 것이 왜 중요한가요? 당신은 하루의 일상 가운데 그리고 당면한 도전과 과제들 가운데서 얼마만큼 하나님께 집중하고 있나요?
2. 오늘 당신은 하나님의 하나님 되심으로 인해 감사하고 있나요?

_____

_____

_____

_____

 나만의 묵상 메모

오늘 묵상을 통해 주신 깨달음에 대해 직접 기록해 보세요.

_____

_____

_____

_____

저자와 함께 하는 한 줄 기도

주님께 주목하는 제 인생이 되게 하시고, 하나님의 하나님 되심으로 인해 오늘 하루를 감사하게 하소서.

기도와 결단

오늘 묵상한 말씀의 적용과 삶의 결단을 담아 자신의 기도를 적어보세요.

_____
_____
_____
_____

창조하심으로 인한 감사

 오늘의 본문
시 136:4-9

136:4 홀로 큰 기이한 일들을 행하시는 이에게 감사하라 그 인자하심이 영원함이로다
136:5 지혜로 하늘을 지으신 이에게 감사하라 그 인자하심이 영원함이로다
136:6 땅을 물 위에 펴신 이에게 감사하라 그 인자하심이 영원함이로다
136:7 큰 빛들을 지으신 이에게 감사하라 그 인자하심이 영원함이로다
136:8 해로 낮을 주관하게 하신 이에게 감사하라 그 인자하심이 영원함이로다
136:9 달과 별들로 밤을 주관하게 하신 이에게 감사하라 그 인자하심이 영원함이로다

∙○ 저자 해설 및 묵상 ○∙

하나님이 어떤 분이신가(Who He is)와 그가 행하신 일(What He has done)을 서로 나누어 생각할 수 없습니다. 그렇기에 시편 기자는 시 136:1-3에서 하나님의 고유한 정체성을 언급한 후, 4절부터는 그가 행하신 일을 바로 언급합니다. 이 세상의 시작 그리고 인간의 시작이 하나님의 창조로 인해 가능했기에, 시편 기자가 하나님이 행하신 일에 대한 묘사를 창조에 대한 언급으로 시작하는 것은 너무나 당연하다고 할 수 있겠습니다.

우리 인간들은 과장(exaggeration)을 매우 좋아하기에 "큰 기이한 일들" 같은 표현 역시 남발하는 경우가 적지 않습니다. 저명한 음악가의 연주를 보고 그런 표현을 쓸 수도 있고, 대단한 작가나 시인의 글을 읽은 후 유사한 반응을 보일 수 있습니다. 혹은 소위 세계 7대 불가사의를 보면서 비슷한 방식으로 경탄할 수도 있습니다. 그러나 그 어느 것도 무에서 유를 만드신 하나님의 창조(creation ex nihilo)에 아주 조금도 비할 바 되지 않습니다. 그 어느 누구의 창의성도 홀로 천지를 창조하신 하나님의 창의성에 아주 조금도 비할 바 못 됩니다. 가장 창의적인 작가, 시인, 작곡가 역시 모두 하나님의 피조물에 지나지 않으며, 그들 중 누구도 무에서 유를 창조해 낼 수 없습니다. 실로 해 아래 새 것이 없습니다(전 1:9). 우리 눈에 아주 새로워 보이는 실체들도 실은 이전에 존재했던 것의 반복이거나 적어도 이전 것에 상당 부분 기인합니다. 그래서 예술가들은 종종 '창조의 시작은 모방'이라 말하곤 합니다. 그러나 하늘과 땅의 창조(창 1-2)는 달랐습니다.

하나님은 무에서 유를 만드셨고 홀로 그 일을 행하셨습니다! 여러 놀라운 일들이 역사 가운데 있었지만, 무에서 유를 창조하는 것(creatio ex nihilo)만큼 놀라운 일은 없습니다.[3] 그런 뜻에서 "홀로 큰 기이한 일들을 행하시는 이"(시 136:4)라는 시편 기자의 표현은 매우 적절합니다.

코로나 사태로 집에 갇혀 있다가 밖에 나가 자연을 대할 때 그 자체로도 힐링을 경험합니다. 자연이 그렇게 위대한 영향력을 갖는다면, 무로부터 그 자연을 창조하신 하나님은 정말 얼마나 위대하신 분입니까? 동해안 앞바다에서 목도하는 일출, 아름다운 들판에서 바라보는 석양,

밤하늘을 밝히는 영롱한 달과 별은 실로 감탄을 자아내게 합니다. 그런데 해와 달과 별들이 그렇게 감탄을 자아내게 한다면, 무로부터 그들을 창조하신 하나님 그분께 대해 우리는 얼마나 더 감탄해야 마땅합니까?

하나님이 만드신 자연은 우리에게 그의 신실하신 사랑을 일깨워줍니다. 물론 모든 사람이 자연을 보면서 하나님을 생각하는 것은 아닙니다. 그러나 그의 백성은 자연을 통해 하나님의 신실하심과 그의 사랑을 더 깊이 배우고 깨닫게 됩니다.[4]

오늘 본문 5-9절이 언급한 해, 달, 별들은 이스라엘의 주변 국가들이 '신(god)'으로 숭배(시 136:2-3 및 시 121:6 참조)하던 대상들이었지만, 시편 기자는 그것들이 그저 하나님의 피조물에 지나지 않음을 직시합니다. 석양의 아름다움, 보름달의 광채, 밝은 별의 영롱함은 우리에게 감동을 가져다 주기에 충분합니다. 그러나 해, 달, 별은 신적 존재가 아닙니다. 그것들은 하나님의 피조물일 뿐입니다. 그들이 주는 감동은 결국 하나님의 위대하심과 영광을 드러내 주고 하나님의 사랑과 자비를 드러내 줍니다. 우리로 하여금 하나님께 감사와 찬양을 올리도록 강력한 암시를 지속적으로 제공합니다.

스스로를 그리스도인이라 칭하면서 해, 달, 별을 신적 존재로 숭배하는 사람은 없을 것입니다. 그러나 하나님이 창조하신 다른 대상을 신적 존재로 승격시켜 우상숭배적 행태를 보이는 일은 우리 내면과 주변에서 사실 빈번하게 일어납니다. 그 대상이 지인일 수도 있고 가족일 수도 있으며 재물일 수도 있습니다. 그러나 많은 경우 이것들은 자신에

대한 집착, 지나친 자기 사랑, 탐욕적 자아 숭배와 맞물려 있습니다.[5]

우리는 주변에 힘있고 영향력 있는 이들에게 종종 '감사하다'고 말하지만, 진작 하나님께 대한 감사를 망각하고 우리 안에 예배와 찬양을 상실한 채 살아갈 때가 너무 많습니다. 오늘 주 하나님이 무로부터 창조하신 모든 세계를 마음 속에 그리어 보며(새찬송가 79장/통합찬송가 40장 "주 하나님 지으신 모든 세계"), 원초적으로 비교가 불가능한 그의 위대하심과 권능과 영광을 깨닫고, 그로 인해 예배와 감사와 찬양의 자리로 새롭게 나아가는 우리 모두가 되길 바랍니다.

---

3 무에서 유를 창조하신 사건(창 1-2)은 하나님의 위대하심을 잘 드러내 준다. 무에게 유를 창조하신 하나님께 불가능한 일은 없다. 무에서 유를 창조하신 일에 버금가는 사건이 있다면 바로 부활(새 창조)이다. 생명없는 몸에 다시 생명을 가져오시는 일 말이다. 하나님이 무에게 유를 창조하신 분임을 믿는다면, 그가 코에 생기를 불어넣어 생령이 되게 하신 이심을 믿는다면, 그리고 그가 인간에게 생명을 주신 분이심을 믿는다면, 부활을 믿을 수 있다(벧후 3 참조).

4 물론 자연재해를 경험하면서 인간은 두려움을 느낀다. 동시에 하나님이 창조하신 세계를 인간이 보존하도록 맡겨주신, 청지기적 사명에 대해서도 더 깊이 그리고 진지하게 숙고하게 된다.

5 하나님의 창조와 그의 다스림(섭리와 통치)을 서로 나누어 생각할 수 없다. 이 둘이 불가분의 관계에 있음은 성경에서 거듭 확인되는데, 그 예로 한 구절만 살펴본다. "오직 주는 여호와시라 하늘과 하늘들의 하늘과 일월 성신과 땅과 땅 위의 만물과 바다와 그 가운데 모든 것을 지으시고(창조) 다 보존하시오니(다스림) 모든 천군이 주께 경배하나이다"(느 9:6). 방금 인용한 느헤미야 본문이 보여주듯, 하나님의 창조, 그의 다스림(섭리와 통치), 나아가 그에 대한 예배, 이 모두가 궁극적으로 하나로 연결되어 있다.

묵상과 적용을 위한 질문

1. 하나님이 창조하신 자연은 어떤 뜻에서 혹은 어떤 방식으로 그의 위대하심과 위엄과 영광을 드러내 주나요?
2. 하나님이 창조하신 자연에 대한 감상·감탄이 당신을 하나님을 향한 감사와 찬양과 예배의 자리로 이끌고 있나요? 그렇게 대답한 이유는 무엇인가요?

___

___

___

___

나만의 묵상 메모

오늘 묵상을 통해 주신 깨달음에 대해 직접 기록해 보세요.

___

___

___

___

저자와 함께 하는 한 줄 기도

자연을 바라보며 감상하는데 그치지 말고, 창조주 하나님의 위대하심을 감사하고 찬양케 하소서.

 기도와 결단

오늘 묵상한 말씀의 적용과 삶의 결단을 담아 자신의 기도를 적어보세요.

_____

_____

_____

_____

구원하심으로 인한 감사

 오늘의 본문
시 136:10-16

136:10 애굽의 장자를 치신 이에게 감사하라 그 인자하심이 영원함이로다
136:11 이스라엘을 그들 중에서 인도하여 내신 이에게 감사하라 그 인자하심이 영원함이로다
136:12 강한 손과 펴신 팔로 인도하여 내신 이에게 감사하라 그 인자하심이 영원함이로다
136:13 홍해를 가르신 이[6]에게 감사하라 그 인자하심이 영원함이로다
136:14 이스라엘을 그 가운데로 통과하게 하신 이에게 감사하라 그 인자하심이 영원함이로다
136:15 바로와 그의 군대를 홍해에 엎드러뜨리신 이에게 감사하라 그 인자하심이 영원함이로다
136:16 그의 백성을 인도하여 광야를 통과하게 하신[7] 이에게 감사하라 그 인자하심이 영원함이로다

―――――――――――――――――――――――――――――

◦● **저자 해설 및 묵상** ●◦

―――――――――――――――――――――――――――――

계몽주의 시대 이후로 어떤 이들은 하나님이 천지를 창조한 후에는 더 이상 개입하시지 않고 자신이 만든 피조계가 알아서 스스로 작동하도록 한다고 생각하곤 했습니다. 지금도 그런 생각을 갖고 있는 사람들이 더러 있습니다. 그러나 이들이 상상하는 신적 존재와 성경이 말하는 하나님은 확연히 구분됩니다. 성경이 계시하는 하나님은 인간의 역사 가운데 친히 개입하시는 하나님이십니다. 성경의 하나님은 천지를 창

조하셨을 뿐 아니라 그가 만드신 세계를 주관하고 다스리시는 하나님 이십니다. 초월자이신 동시에, 인간의 역사 가운데 내재하시는 하나님 이십니다. 하나님은 때로 누구도 부인하기 어려울 만큼 극적인 방식으로 개입하시고 또 때로는 누구도 알아차리지 못하는 숨겨진 방식으로 개입하십니다. 그러나 그가 인간의 역사 가운데 개입하시고 이를 주관하신다는 사실은 성경이 거듭 강조하고 확인해 주는 바입니다.

구약성경에는 하나님이 이스라엘 백성을 위해 베푸신 여러 놀라운 구원의 사건들(즉, 하나님의 백성을 위한 구원 및 하나님의 대적들을 향한 심판[8])이 기록되어 있습니다. 그 중에서 가장 중추적인 사건은 바로 출애굽(Exodus) 사건입니다. 출애굽이 있었기에 이스라엘 백성이 하나님 백성 공동체로 출범할 수 있었고, 시내 산에서 하나님과 언약을 체결할 수 있었고, 율법을 수여 받게 되었으며, 또 국가를 형성할 수 있었습니다. 실제로 출애굽 사건은 구약성경 내에서 이미 구원의 원형(prototype)으로 제시됩니다. 선지자 이사야는 하나님이 이스라엘 백성을 바벨론 포로생활로부터 회복시켜 고토로 복귀시키시는 일을 '새 출애굽'으로 묘사합니다(사 40-66을 보라). 신약의 여러 저자들은 하나님이 그리스도 안에서 이루시는 구속의 역사[9]를 '새 출애굽'으로 묘사합니다.[10] 예를 들어, 마가는 그의 복음서 서두에서 "선지자 이사야"를 언급하고(막 1:2), 사 40:3을 직접 인용(막 1:3)함으로써 그리스도를 통한 구속의 사건을 새로운 출애굽 사건으로 제시합니다. 신약 저자들은 특히 출애굽(Exodus)을 가능케 했던 유월절(Passover) 사건이 그리스도 십자가의 죽음을 모형론적으로(typologically) 예표하고 있음에 주목합니다. 이를 가장 명시적으로 보여

주는 본문 중 하나가 고전 5:7입니다. "너희는 누룩 없는 자인데 새 덩어리가 되기 위하여 묵은 누룩을 내버리라 우리의 유월절 양 곧 그리스도께서 희생되셨느니라"(고전 5:7).

오늘 시 136:10-16에서 출애굽 이야기를 읽으면서 우리는 궁극적으로 그리스도를 통한 구원에 주목하게 되며, 예수님의 십자가를 바라보게 됩니다. 금일 묵상한 시편 136편의 말씀대로 주님께 집중하고 그의 신실하심에 집중하며, 특별히 그가 베푸신 구원으로 인해 감사하는 독자들이 되시기 바랍니다.

만일 자신의 삶 가운데 그리고 내면 가운데 감사가 다가오지 않는다면, 먼저 예수 그리스도의 십자가를 주목하여 바라보고 깊이 묵상하기 바랍니다. 자신을 그리스도의 십자가 밑에 겸손히 두시기 바랍니다. 그 가운데 그리스도께서 당신의 죄를 지시고 십자가에서 대신 죽으사 당신의 모든 죄를 사해 주셨음으로 인해 감사하시기 바랍니다. 그리스도의 구원의 십자가 아래서 참된 감사를 새로이 회복하는 성도들이 되십시오.

6   하나님은 홍해의 수위를 조금 낮추신 게 아니다. 홍해를 가르셨다! 그리고 갈라진 홍해 사이로 이스라엘 백성이 지나가게 하셨다! 불신과 회의로 가득한 시대의 한복판에 살면서, 우리가 하나님만은 신뢰해야 하며, 하나님의 권능의 손길을 붙잡고 의지해야 한다.
7   홍해를 갈라 이스라엘 백성들을 그 사이로 지나가게 인도하신 하나님께서 또한 그들을 광야생활 가운데 인도해 주셨다(시 136:14, 16).
8   실제로 오늘 묵상한 본문(시 136:10-16)에서도 이스라엘에 대한 구원은 애굽과 그 왕(바로)에 대한 심판과 동전의 양면처럼 서로 불가분의 관계로 엮여 있다.
9   성육신-가르침과 베푸신 기적들-십자가-부활-승천-성령 파송-장차 있을 그의 다시 오심
10 이 같은 신약 저자들의 이해는 바벨론 포로 귀환으로 새로운 출애굽이 완성되지 않았음을 보여준다. 실제로 바벨론 포로 귀환 이후에도 이스라엘 백성은 외세에 계속 시달리며 여러 고난과 어려움을 겪는다. 그러다가 하스모니안 왕조 시기에 독립을 누리지만, 이마저 내분으로 무너져 결국 로마에 합병되고 만다. 궁극적인 새 출애굽은 그리스도를 통해 일어났다!

묵상과 적용을 위한 질문

1. 당신은 오늘 하나님이 베푸신 구원으로 인해 감사하고 있나요? 아니면 삶의 상황과 그 무게에 집중하여 하나님께 대한 감사를 잃어버렸나요?
2. 당신은 오늘 그리스도의 십자가에 주목하고 있나요? 주님의 구원의 십자가로 인한 감사와 감격이 당신 삶 중앙에 위치하고 있나요?

_____
_____
_____
_____

나만의 묵상 메모

오늘 묵상을 통해 주신 깨달음에 대해 직접 기록해 보세요.

_____
_____
_____
_____

저자와 함께 하는 한 줄 기도

주님이 베푸신 구원으로 인해 그리고 특별히 그리스도의 구원의 십자가로 인해 감사케 하소서.

 기도와 결단

오늘 묵상한 말씀의 적용과 삶의 결단을 담아 자신의 기도를 적어보세요.

_____

_____

_____

_____

구원을 이뤄가심으로 인한 감사

오늘의 본문
시 136:17-22

136:17 큰 왕들을 치신 이에게 감사하라 그 인자하심이 영원함이로다
136:18 유명한 왕들을 죽이신 이에게 감사하라 그 인자하심이 영원함이로다
136:19 아모리인의 왕 시혼을 죽이신 이에게 감사하라 그 인자하심이 영원함이로다
136:20 바산 왕 옥을 죽이신 이에게 감사하라 그 인자하심이 영원함이로다
136:21 그들의 땅을 기업으로 주신 이에게 감사하라 그 인자하심이 영원함이로다
136:22 곧 그 종 이스라엘에게 기업으로 주신 이에게 감사하라 그 인자하심이 영원함이로다

∘• 저자 해설 및 묵상 •∘

출애굽은 이스라엘 백성에게 있어 구원의 결정적 시작이었습니다. 그러나 그 완성은 아니었습니다. 가나안 땅에 들어갈 때까지의 여정이 있고, 가나안 땅에 들어가서도 아직 거쳐야 하는 과정이 남아 있었습니다. 광야에서도 그리고 약속의 땅에서도 여전히 깎이고 다듬어지고 빚어지는 과정이 있었습니다. 그렇지 않다면 시편 136편이 출애굽에 대한 언급 직후 15절이나 16절 즈음에서 갑자기 끝났을 것입니다.

이스라엘 백성은 출애굽 사건 이후의 과정에서 극히 힘난한 상황을 직면하기도 하고 극도의 위험과 위협을 경험하기도 합니다. 약속하신 땅에 들어가는 과정이라고 모든 것이 다 쉽고 평온하고 순조롭게 느껴졌던 것도 아닙니다. 그러나 그 모든 상황 가운데 하나님이 그들과 친히 함께 하시고, 친히 인도해 주시며, 친히 지켜 주셨습니다. 하나님은 그렇게 자기 백성의 구원을 신실하게 이뤄가셨습니다.

이와 관련해서 본문 17절과 앞선 10절을 연결해서 살펴보는 것이 유익하다고 생각됩니다.

> 시 136:10 애굽의 장자를 치신 이에게 감사하라 그 인자하심이 영원함이로다
> 시 136:17 큰 왕들을 치신 이에게 감사하라 그 인자하심이 영원함이로다

시 136:10은 하나님이 애굽의 장자를 치신 것에 대해 말합니다. 이 일로 인해 바로(애굽 왕)는 히브리 노예들을 자기 땅에 붙잡아 두려는 노력을 포기하게 되고, 이스라엘 백성은 애굽에서 나오게 됩니다(출 12:31-42).[11] 한편 시 136:17은 이스라엘의 가나안 정착에 앞서 그들을 선제적으로 대적했던 유력한 왕들[즉, 아모리인의 왕 시혼(19절)과 바산 왕 옥(20절)]을 하나님이 패배시키신 일에 대해 말합니다(민 21:21-35). "애굽의 장자를 치신" 일은 출애굽에 앞선 일이고, "큰 왕들을 치신" 일은 가나안 땅에 정착하기에 앞서 일어난 사건입니다(시 136:10, 17). 이 두 사건 사이에는 수십 년의 시간적 차이가 있지만, 하나님은 여전히 신실하게 그의 백성과 함께 하시고 변함없이 그들의 구원을 위해 일하고 계셨습니다.[12] 그 사실에 관해서는 수십 년 사이에 아무런 차이도 없었습니다!

과거에 하나님의 결정적인 구원의 손길을 경험한 이들 역시 시간이 지나면서 차츰 그 감격과 감사를 상실하고 하나님이 베푸셨던 일에 대한 기억마저 흐릿해져 하나님께 주목하기보다는 당면한 상황만을 바라보며 그에 압도되곤 합니다. 광야의 이스라엘 백성들처럼 말입니다. 전에 하나님이 베푸신 구원의 역사에 대해서 여전히 감격하는 이들은 그보다 더 나은 상태에 있음이 분명하지만, 이런 사람들 역시 현재의 시급한 문제 앞에서는 종종 하나님이 과거에 아무런 일도 행하지 않으셨다는 듯 행동하기도 합니다. 그렇게 함으로써 과거에 하나님이 이루신 일에 대한 그들의 '감격'이 실은 추억 이상이 아니었음이 자명해집니다. 안타깝게도 이게 결코 남의 이야기만은 아닙니다.

우리는 잊지 맙시다. 주님은 어제나 오늘이나 영원토록 동일하십니다. 영원토록 동일하신 주님께서는 은혜로 시작하신 그 구원의 역사를 지금도 신실하게 이뤄가고 계십니다! 우리는 출애굽 때 애굽의 장자를 치신 하나님과, 수십 년 후 가나안 정착에 앞서 유명한 왕들을 패배시킨 하나님이 동일한 분이심을 선명하게 기억해야 합니다. 하나님께서 베풀어 주신 구원의 역사가 그저 추억으로 끝나는 일은 결코 없어야 합니다. 하나님이 베풀어 주신 구원의 역사로 인해 우리의 심장이 다시 뛰길 바랍니다. 지금도 신실하게 구원을 이뤄가시고 완성해 가시는 그분(빌 1:6)께 주목하며, 그를 진정 사모하고 의지하고 따를 수 있기를 간구합니다.

11 그러나 머지 않아 바로의 마음이 다시 변해서 군대를 대동하고 이스라엘 백성을 뒤쫓아온다. 하지만 하나님이 베푸신 기적으로 이스라엘을 뒤쫓던 바로의 군대가 수장되고, 이스라엘 백성은 그들의 여정을 지속하게 된다(출 14).
12 시 135:8-12를 함께 참조하라.

묵상과 적용을 위한 질문

1. 과거 당신이 하나님의 구원의 손길을 가장 결정적으로 경험한 사건은 무엇이었나요?
2. 지금 당신이 직면한 일 중 가장 큰 부담과 도전은 무엇입니까?
3. 오늘 당신이 직면한 부담과 도전 앞에서 하나님이 과거에 베푸신 구원의 역사는 그저 추억에 머물러 있나요? 아니면 그 일이 신실하신 하나님을 바라보고 신뢰하고 따르도록 이끌고 있나요?

___

나만의 묵상 메모

오늘 묵상을 통해 주신 깨달음에 대해 직접 기록해 보세요.

저자와 함께 하는 한 줄 기도

어제나 오늘이나 영원토록 변함없이 신실하신 주님만 바라보고 신뢰하며 따라가기 원합니다.

 기도와 결단

오늘 묵상한 말씀의 적용과 삶의 결단을 담아 자신의 기도를 적어보세요.

_____

_____

_____

_____

인생의 한복판에서
우리를 만나 주심에 감사

 오늘의 본문
시 136:23-24

136:23 우리를 비천한 가운데에서도 기억해 주신 이에게 감사하라 그 인자하심이 영원함이로다
136:24 우리를 우리의 대적에게서 건지신 이에게 감사하라 그 인자하심이 영원함이로다

∘● 저자 해설 및 묵상 ●∘

부모님의 신앙과 가문(조상)의 믿음에 대해 자랑을 하지만, 정작 본인은 제대로 믿음을 가지고 있지 않는 사람을 이따금씩 만납니다. 그들은 기독교 문화에 매우 익숙합니다. 바로 그 한복판에서 성장했기 때문입니다. 그들이 하나님과 기독교 신앙에 대해 지극히 긍정적으로 이야기하는 경우도 많습니다. 그러나 그런 경우라 해도, 그들이 말하는 하나님은 부모가 믿었던 하나님입니다. 그들이 말하는 '믿음'은 선조의 신앙이지 결코 자신의 것은 아닙니다. 그들의 '기독교적' 토크(talk) 가운데 유익한 요소들이 종종 발견되지만, 결정적으로 그 가운데 하나님과의 인격적 만남은 결여되어 있습니다.

오늘의 본문인 시 136:23-24에 보면, 앞서 등장하지 않았던 단어가 반복하여 나오는 것을 보게 됩니다. 바로 1인칭 복수 대명사인 "우리"라는 단어입니다.[13] 이 단어가 23-24절에서 거듭 등장합니다. "우리를 비천한 가운데에서도 기억해 주신 이에게 감사하라 그 인자하심이 영원함이로다 우리를 우리의 대적에게서 건지신 이에게 감사하라 그 인자하심이 영원함이로다"(시 136:23-24). 시편 136편이 쓰인 시점에서 볼 때, 4-22절에 언급된 내용은 시간적으로 과거의 일입니다. 4-22절에 기록은 모세오경에서 등장하는 사건들을 가리킵니다. 특별히 창세기, 출애굽기, 민수기의 하이라이트(창 1-2; 출 1-15; 민 1-21, 34-35)를 모세오경 내의 등장 순서에 따라 제시하고 있습니다. 그러나 시편 기자는 그저 하나님이 전에 조상들에게 베푸셨던 일에 대해서만 언급하는 것이 아닙니다. 시편 기자는 자신(과 자기 백성)을 삶의 한복판에서 -그러니까 처절하고 위험하게만 느껴졌던 그 가운데서- 하나님께서 친히 만나주시고 건져 주셨음에 대해 고백합니다. 그리고 그로 인해 그분께 감사를 올려 드립니다. 시편 기자는 하나님을 대면하는 경험을 통해 4-22절에서 언급된 일들이 그저 과거의 일이 아니라 지금도 살아 역사하시는 하나님에 대한 생생한 증언임을 깨닫게 됩니다. 또 하나님의 말씀을 기록한 것을 더욱 깊이 신뢰하고 의지하게 됩니다. 시편 기자는 그렇게 성경 말씀과 삶의 체험이 하나임을 고백합니다!

성경이 말하는 참된 신앙에는 체험적 요소가 있습니다. 주의 인자하심은 다함이 없기에 하나님은 과거에만 그의 백성에게 인자를 베푸시는 것이 아니라 지금 역시 그렇게 하십니다. 그리고 앞으로도 그렇게 하실 것입니다! 개인이나 공동체의 체험을 절대시해서 하나님의 말씀인 성경과 동등한 위치에 놓아두는 것은 극도로 위험천만한 일이지만,

체험없이 형식만 남은 신앙을 성경이 가르치는 믿음과 동일시 하는 것 역시 위험하긴 마찬가지입니다![14] 물론 참된 체험은 하나님 말씀을 더욱 신뢰하고 성경 말씀에 더욱 순복하도록 우리를 이끌며, 이를 통해서 말씀과 체험의 연합이 우리 가운데 더 온전하고 성숙한 형태로 이뤄져 가게 됩니다.[15]

한편, 23-24절에서 시편 기자가 묘사한 하나님을 만나는 상황은 그저 편안하고 안전하고 풍요로운 상태가 아니었음에 주목하게 됩니다. 시편 기자는 비천한 상황, 그러니까 적의 공격에 노출된 그 처절한 상황 가운데서 신실하신 하나님의 도우시는 손길을 경험한 것입니다! 사실 상황이 어느 정도 괜찮고 우리가 나름 '잘 나갈 때'는 자신의 힘과 노력으로 무언가 이뤄보고 지켜보려 애씁니다. 그러다가 비천한 상황(낮춤을 받는 상황)이 되면, 그제야 정신이 좀 들어서 회개하고 자신을 돌아보며 스스로 낮추어 하나님을 바라보곤 합니다.

지금 너무나 어려운 상황, 그러지 않아도 쓰러져 가는 중에 집중 공격까지 받는 것 같은 상태에 있더라도 극도로 실망할 필요는 없습니다. 하나님이 역사를 베푸시는 때는 보통 그런 때입니다. 어려움이 닥칠 때 우리 맘이 눌리고 쪼그라들기 쉽지만, 비천한 자리에서 우리를 일으켜 세우시며 대적의 공격 한복판에서 건지사 구원과 승리를 경험케 하시는 하나님을 바라봐야 합니다. 신실하신 하나님의 도우시는 그 손길을 믿음으로 기대하시기 바랍니다![16]

13　히브리어 원문에 보면, 사실 23절에 "우리"라는 대명사가 한 번 더 등장한다. "비천한 가운데에서도" 앞에 "우리의"라는 표현이 들어간다. 문자적으로 해당 히브리어 표현을 번역하면, "우리의 비천한 가운데에서도"가 된다.
14　이에 대해서는 A. W. 토저의 저술들을 참고하라.
15　건강한 신앙은 말씀과 체험이 하나 된 실체다. 물론, 말씀이 마땅히 우선되어야 한다. 하나님 말씀인 성경 아래 우리의 삶 전체, 생각 전체, 그리고 존재 전체를 내려놓아야 한다. 공동체 역시 마찬가지이다. 각 개인뿐 아니라 공동체 전체가 그렇게 하나님 말씀인 성경의 권위 아래 겸손히 모든 것을 내려놓아야 한다. 동시에 하나님의 백성 개개인과 그들이 속한 공동체는 성경이 말씀하는 바를 삶 가운데 실존적으로 경험해야 한다. 자신들이 원하는 모든 것을 원하는 방식대로 경험하진 못 하지만[그렇게 된다면 우리의 신앙이 결국 또 하나의 자기 투사(self-projection)에 불과할 것이다!], 하나님을 삶의 한복판에서 의미있는 방식으로 경험하는 것은 마땅하고 또 필연적이다. 때로는 은밀하고 신비롭게 느껴질 정도로 하나님의 손길이 숨어있는 듯 보이고, 때로는 너무 강력해서 거부할 수 없지만, 하나님을 만난다는 사실만은 주의 백성에게 공통된 경험이고, 또 공통된 경험이 되어야 한다. 이렇듯 온전한 신앙이란 삶 속에서 말씀의 객관성과 체험의 주관성이 하나가 되는 신앙이다.
16　우리의 완전하고 최종적인 승리는 예수 그리스도께서 다시 오시는 바로 그 날에 있음을 기억하며, 현실의 삶이 우리가 원하는 대로 쉽사리 혹은 신속히 달라지지 않는다 해도 그 가운데 믿음과 그에 근거한 참 소망을 잃어버려선 안 된다(고전 15 참조). 하나님의 인자하심은 다함이 없기에 과거에만 그 인자함을 보이시는 게 아니라, 지금도, 그리고 미래에도 변함없이 그의 백성에게 인자하심을 보이신다. 하지만 하나님의 인자하심을 궁극적으로 경험하게 되는 때는 바로 그리스도께서 다시 오시는 그 날이다. 이를 결코 잊어서는 안 된다.

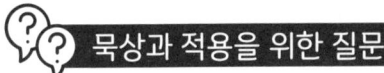 묵상과 적용을 위한 질문

1. 하나님께서 삶의 한복판에서 그리고 그 고난과 역경 가운데서 당신을 만나 주셨던 경험에 대해 간략하게 적어 보세요. 어떤 경험이 특히 생각이 나는지요? 그때 어떤 일이 있었나요?

2. 하나님께서 그렇게 도와 주시고 건져 주셨던 일에 대한 감사가 오늘 당신 삶 가운데 그리고 마음 가운데 잘 간직되어 있나요? 그렇게 전에 당신을 도와 주셨던 주님께서 지금도 그리고 앞으로도 당신을 도우실 것을 신뢰하고 있나요?

3. 하나님의 인자하심을 궁극적으로 경험할 날, 즉 그리스도께서 다시 오시는 그 날을 믿고 바라고 소망하고 있나요? 혹시 현실의 문제나 쉽게 해결이 안 되는 상황에 갇혀 그리스도께서 다시 오사 모든 것을 새롭게 하실 그 날을 잊은 채 살고 있는 것은 아닌지요?

_____

_____

_____

_____

_____

나만의 묵상 메모

오늘 묵상을 통해 주신 깨달음에 대해 직접 기록해 보세요.

_____

_____

_____

_____

 저자와 함께 하는 한 줄 기도

삶의 한복판에서 우리를 만나주시고 도우시는 주님을 기억하고 바라고 의지하게 하소서.

 기도와 결단

오늘 묵상한 말씀의 적용과 삶의 결단을 담아 자신의 기도를 적어보세요.

_____

_____

하나님 나라 복음의
광활함으로 인한 감사

  오늘의 본문
시 136:25-26

136:25 모든 육체에게 먹을 것을 주신 이에게 감사하라 그 인자하심이 영원함이로다
136:26 하늘의 하나님께 감사하라 그 인자하심이 영원함이로다

∘• **저자 해설 및 묵상** •∘

   필자를 포함해서 대부분의 사람들은 어제 묵상한 24절에서 이야기를 끝냅니다. '하나님이 우리를 삶의 어려움과 힘든 상황 한복판에서 만나 주셨다', '그렇게 우리를 건져 주셨다', '나를 구원해 주셨다'. 딱 거기에 머무는 경우가 많습니다. 그러는 중에 내가 하나님을 체험한 것만이 참된 것이라고 생각하고, 다른 사람들이 예수 그리스도에 대하여 갖고 있는 믿음을 경시, 아니 나아가 무시하는 경우도 적지 않습니다. 그런데 시편 기자는 24절에서 멈추지 않고, 25-26절을 이어 기록하고 있습니다. 기억하십시오. 시편 136편의 마지막 절은 24절이 아니라, 26절입니다! 시편 기자는 25-26절에서 다음과 같이 고백합니다.

> 시 136:25 모든 육체에게 먹을 것을 주신 이에게 감사하라 그 인자하심이 영원함이로다

> 시 136:26 하늘의 하나님께 감사하라 그 인자하심이 영원함이로다

시편 기자는 우리와 나를 건져 주신 하나님에 대해 말할 뿐 아니라(23-24절), "모든 육체"[every creature (25절)]에게 먹을 것을 주시는 "하늘의 하나님"(26절)에 대해 고백합니다. 하나님은 우리를 삶의 한복판에서 친히 만나주시지만(23-24절), 필자와 독자만 그렇게 만나주시는 분은 아닙니다. 하나님은 온 세상을 다스리시고 온 세계의 역사를 주관하십니다. 하나님의 마음은 "모든 육체"를 향합니다. 하나님은 온 우주를 통치하시고 그 역사를 주관하시고 섭리하시는 "하늘의 하나님"입니다.

하나님을 '나의 하나님' 그리고 '우리의 하나님'으로 아는 것이 너무나 중요하지만, 그렇다고 그게 다는 아닙니다. 하나님을 '우리의 하나님'으로 아는 동시에, 모든 육체에게 먹을 것을 주시는 분으로 아는 것이 매우 중요합니다. 그런 사람이 선교와 구제에 힘씁니다. 그런 사람이 이 세상 한복판에서 그리스도인으로 산다는 것이 무슨 의미인지를 고민하고 어떻게 하나님의 선한 도구로 쓰임받을 수 있을지에 대해 고민합니다. 그런 사람이 빛과 소금 된 사명에 대해 묵상하며 그리스도의 손과 발이 되어 사는 인생에 대해 숙고합니다. 복을 배타적으로 소유하는 것이 아니라 유통하는 것이 하나님 백성의 소명이기 때문입니다!

"하늘의 하나님"이란 표현에 주목할 필요가 있습니다. 본 시편 마지막 절인 26절에서 시편 기자는 하나님을 "하늘의 하나님"으로 칭하고 있는데, 이는 당시에 이스라엘 백성들만 이해할 수 있는 하나님의 칭

호가 아니라, 이방인(즉, 열방)이 함께 이해할 수 있는 호칭이었습니다(단 2:37, 44 참조). 시편 기자가 그랬듯, 우리 하나님을 "하늘의 하나님"으로 아는 것이 중요합니다. 하나님을 유대인의 하나님일 뿐 아니라 이방인의 하나님으로 아는 것이 중요합니다. 하나님을 우리의 하나님일 뿐 아니라 모든 인간을 창조하시고 다스리시는 통치자로 아는 것이 중요합니다. 그래야 국수주의와 집단 이기주의를 극복할 수 있습니다.

우리를 건져 주신 하나님에 대한 고백(23-24절)이 너무나 소중하고 중추적이지만, 그 고백은 크고 넓은 복음에 대한 경이와 헌신으로 이어져야 합니다. 하나님이 나와 우리를 사랑하신다는 고백은 하나님이 하늘과 땅의 창조자요, 우주의 통치자요, 역사의 주관자시라는 고백과 통합되어야 합니다(25-26절). 이 둘은 본디 동전의 양면과 같이 불가분의 관계로 연결되어 있습니다. 우리를 만나주시고 건져주신 하나님에 대한 고백이 모든 육체에게 먹을 것을 주시는 하늘의 하나님에 대한 고백과 하나가 되길 바랍니다. 누가복음(죽으시고 부활하신 예수 그리스도의 은혜와 사랑의 복음 이야기)이 사도행전(제자들이 그리스도의 영인 성령을 힘입어 복음을 들고 열방으로 나아가는 이야기)으로 이어질 수밖에 없었던 그 필연성에 대한 인식이 필자와 독자들 안에 선명해지길 바랍니다. 그리스도의 복음은 넓고 광활한 복음입니다. 그리고 우리 모두는 그 복음의 수혜자입니다(롬 1:16-17). 예수님의 넓고 광활한 복음으로 인한 감사가 우리 안에 다시금 샘솟는 오늘 하루가 되기 바랍니다. 그리고 이 넓고 광활한 복음을 전하고 시연하는 우리 인생이 되길 간구합니다.

묵상과 적용을 위한 질문

1. 하나님을 모든 육체에게 먹을 것을 주시는 하늘의 하나님으로 아는 것이 왜 중요한가요(시 136:25-26)?

2. 당신의 삶 가운데 하나님이 친히 만나 주시고 건져주신 일이 그저 당신의 소중한 신앙 체험으로 머물러 있나요? 아니면 그것이 주의 넓고 광활한 복음을 입으로 그리고 삶으로 전파하고 시연하는 데로 당신을 실제로 이끌고 있나요? 왜 그런가요?

나만의 묵상 메모

오늘 묵상을 통해 주신 깨달음에 대해 직접 기록해 보세요.

저자와 함께 하는 한 줄 기도

주님의 넓고 광활한 복음에 감복하여 그 복음을 전파하고 시연하는 제 인생이 되도록 역사해 주소서.

 기도와 결단

오늘 묵상한 말씀의 적용과 삶의 결단을 담아 자신의 기도를 적어보세요.

_____

_____

_____

_____

"그 인자하심이 영원함이로다!"

 오늘의 본문
시136:1-26

136:1 여호와께 감사하라 그는 선하시며 그 인자하심이 영원함이로다
136:2 신들 중에 뛰어난 하나님께 감사하라 그 인자하심이 영원함이로다
136:3 주들 중에 뛰어난 주께 감사하라 그 인자하심이 영원함이로다
136:4 홀로 큰 기이한 일들을 행하시는 이에게 감사하라 그 인자하심이 영원함이로다
136:5 지혜로 하늘을 지으신 이에게 감사하라 그 인자하심이 영원함이로다
136:6 땅을 물 위에 펴신 이에게 감사하라 그 인자하심이 영원함이로다
136:7 큰 빛들을 지으신 이에게 감사하라 그 인자하심이 영원함이로다
136:8 해로 낮을 주관하게 하신 이에게 감사하라 그 인자하심이 영원함이로다
136:9 달과 별들로 밤을 주관하게 하신 이에게 감사하라 그 인자하심이 영원함이로다
136:10 애굽의 장자를 치신 이에게 감사하라 그 인자하심이 영원함이로다
136:11 이스라엘을 그들 중에서 인도하여 내신 이에게 감사하라 그 인자하심이 영원함이로다
136:12 강한 손과 펴신 팔로 인도하여 내신 이에게 감사하라 그 인자하심이 영원함이로다
136:13 홍해를 가르신 이에게 감사하라 그 인자하심이 영원함이로다
136:14 이스라엘을 그 가운데로 통과하게 하신 이에게 감사하라 그 인자하심이 영원함이로다
136:15 바로와 그의 군대를 홍해에 엎드러뜨리신 이에게 감사하라 그 인자하심이 영원함이로다
136:16 그의 백성을 인도하여 광야를 통과하게 하신 이에게 감사하라 그 인자하심이 영원함이로다

136:17 큰 왕들을 치신 이에게 감사하라 그 인자하심이 영원함이로다
136:18 유명한 왕들을 죽이신 이에게 감사하라 그 인자하심이 영원함이로다
136:19 아모리인의 왕 시혼을 죽이신 이에게 감사하라 그 인자하심이 영원함이로다
136:20 바산 왕 옥을 죽이신 이에게 감사하라 그 인자하심이 영원함이로다
136:21 그들의 땅을 기업으로 주신 이에게 감사하라 그 인자하심이 영원함이로다
136:22 곧 그 종 이스라엘에게 기업으로 주신 이에게 감사하라 그 인자하심이 영원함이로다
136:23 우리를 비천한 가운데에서도 기억해 주신 이에게 감사하라 그 인자하심이 영원함이로다
136:24 우리를 우리의 대적에게서 건지신 이에게 감사하라 그 인자하심이 영원함이로다
136:25 모든 육체에게 먹을 것을 주신 이에게 감사하라 그 인자하심이 영원함이로다
136:26 하늘의 하나님께 감사하라 그 인자하심이 영원함이로다

∞ 저자 해설 및 묵상 ∞

시편 136편의 모든 절은 "그 인자하심이 영원함이로다"로 마칩니다. 아마도 구약시대의 회중들은 이 후렴구를 함께 불렀을 것입니다(후렴구 전의 부분은 아마도 제사장이 불렀을 것임). 이 후렴구가 26절에 걸쳐 26번 등장한다는 것은 그것이 본 시편 전체의 중심 원리(pivotal principle)임을 암시합니다.

하나님의 인자하심으로 인해 가슴이 뛰는 자가 시편 136편의 이상적 독자입니다! 하나님의 한결같은 은혜와 사랑으로 인해 감격하는 이가 본 시편을 제대로 해석하는 자입니다. 하나님의 다함없는 자비로 인해

맘이 녹는 자가 이 시편을 바로 이해한 자입니다! 그런데 여기서 하나님의 '인자하심'이란 특별히 그가 자기 백성과 맺으신 언약에 신실하심을 의미합니다. 이스라엘 백성은 하나님과 맺은 언약에 충성되지 못했지만, 하나님은 늘 그 언약에 신실하셨습니다. 우리의 구주요 주 되신 예수 그리스도로 인해 우리는 새 언약의 시대에 살고 있습니다(막 14:24 참조). 우리는 언약 백성답게 신실하게 살지 못할 때가 많지만, 주님은 늘 그 언약에 신실하십니다(딤후 2:13 참조).

우리 주변에 성품은 좋고 '인자'하지만, 행동력, 결단력, 인내력이 부족해서 실제 삶에서 갈팡질팡하고 입장을 자주 번복하는 이들이 있습니다. 정도의 차가 있을지언정, 우리 모두 적어도 어느 정도 그런 측면을 다 갖고 있습니다. 하지만, 하나님은 우리 인간들과 다르십니다. 하나님의 인자함은 언약에 신실하심을 통해 표출되는 인자함입니다. 완전한 행동력, 최상의 결단력, 궁극적 인내력을 통해 시연(display)되는 인자함입니다. 하나님의 인자하심은 그저 막연한 추상적 개념이 결코 아닙니다. 비록 우리가 영적으로 둔감해서 종종 감지하지 못하지만, 주님의 인자하심은 우리가 맞닥뜨려 살아가는 치열한 삶의 현장 한복판에서 대면하는, 실제적이고 실존적인 신실함입니다.

시간이 지남에 따라 그리고 상황의 변동에 따라 주변에 있는 이들의 태도가 달라지는 것을 경험합니다. 아쉽게도 우리 자신의 태도 역시 달라지는 것을 경험하며 삽니다. 그러나 하나님은 다르십니다. 하나님의 신실하심은 시간과 환경의 제약을 받지 않으십니다. 그의 신실하심은 시대와 세대를 뛰어넘어 영원까지 이릅니다. 신실하신 하나님께서 우리를 기억해 주시고(시 136:23 참조), 우리를 대적에게서 건지십니다(시 136:10-22, 24 참조). 그래서 우리는 찬양합니다.

> 오 신실하신 주 내 아버지여 늘 함께 계시니 두렴없네
> 그 사랑 변찮고 날 지키시며 어제나 오늘이 한결같네
> 봄철과 또 여름 가을과 겨울 해와 달 별들도 다 주의 것
> 만물이 주 영광 드러내도다 신실한 주 사랑 나타내네
> 내 죄를 사하여 안위하시고 주 친히 오셔서 인도하네
> 오늘의 힘 되고 내일의 소망 주만이 만복을 내리시네
> [후렴] 오 신실하신 주 오 신실하신 주
> 날마다 자비를 베푸시며 일용할 모든 것 내려주시니
> 오 신실하신 주 나의 구주[17]

시편 136편에 근거한 첫 주간의 묵상을 마무리하면서, 우리 안에 하나님의 인자하심과 신실하심으로 인해 감사가 넘쳐나길 기도합니다. 한 주간 함께 묵상한 시편 136편 말씀대로, 하나님 그분께 주목하고 그의 신실하심에 집중하며 그를 향한 감사를 새롭게 회복하는 독자들이 되길 바랍니다.

우리 내면과 삶 가운데 감사가 솟아나지 않는다면, 먼저 예수 그리스도의 십자가를 바라보고 묵상하십시오. 당신을 그리스도의 십자가에 밑에 겸손히 위치시키십시오. 그 가운데 그리스도께서 우리 죄를 대신

지시고 십자가에서 죽으사 죄사함을 주셨음으로 인해 감사하기 시작하십시오. 그리고 십자가를 바라보면서 하나님의 신실하심에 대한 깊은 신뢰를 회복하십시오. 그리스도의 십자가로 인한 감사가 모든 다른 감사의 시작이요 완성입니다(고전 2:2; 갈 6:14 참조).

---

17 새찬송가 393장 <오 신실하신 주> (통일찬송가 447장)

묵상과 적용을 위한 질문

1. 당신은 오늘 삶의 현장에서 하나님의 신실하심을 신뢰합니까?
2. 오늘 하나님의 인자하심과 신실하심으로 인한 감사가 당신 안에 있나요? 그리스도의 십자가로 인한 감사가 당신 안에 있나요?

_____
_____
_____
_____

나만의 묵상 메모

오늘 묵상을 통해 주신 깨달음에 대해 직접 기록해 보세요.

_____
_____
_____
_____

저자와 함께 하는 한 줄 기도

하나님의 인자하심과 신실하심으로 인한 감사가 제 삶 가운데 넘치게 하소서.

 기도와 결단

오늘 묵상한 말씀의 적용과 삶의 결단을 담아 자신의 기도를 적어보세요.

_____

_____

_____

_____

Days 8-16 추가소개

구약의 제사와 우리들의 감사

이번 감사절을 준비하며, 오늘부터 Days 8-16에 걸쳐 9일간 감사의 마음을 담아 드리는 구약의 제사 장면들을 묵상하고자 합니다. 구약성경에는 화목, 성별, 헌신, 희생, 속죄 등의 다양한 의미를 담은 제사들이 있습니다. 그러나 구약성경에 등장하는 제사, 제물, 제단 등은 기본적으로 하나님께 감사와 경의를 표현하는 행위입니다. 흔히 '제물'로 번역되는 히브리어 미나(מנחה)는 본디 '선물'을 뜻합니다. 즉, 하나님께 제단을 쌓고, 제물을 드리며, 번제를 드린다는 것은 하나님이 베풀어 주신 은혜에 대한 반응으로 '선물'을 올려 드리며, 경의와 존경, 그리고 감사를 표현하는 것입니다.[18] 중요한 것은 제사의 형식에 참된 감사의 마음을 담아야 한다는 사실입니다. 하나님은 당신을 향한 진실된 감사와 존경 그리고 순종의 삶 없이 드려지는 껍데기뿐인 제사를 기뻐하지 않으십니다.

감사가 하나님께 드려지는 제사의 심장(heart)이라는 사실은 보통 해당 구약 본문의 맥락을 통해 어렵지 않게 식별할 수 있습니다. 예를 들어, 구약의 인물들은 땅에서 얻은 소산과 땅에서 기른 가축을 허락하여 주신 하나님께 감사의 마음을 담아 제사를 드립니다. 기근과 가뭄 등의 재난에서 구원하신 은혜에 감사하여 제단을 쌓기도 합니다. 적의 공격과 사망의 위기에서 구원하신 은혜에 감사하여 제물을 드리기도 합니다. 무엇보다 타락한 인간을 죄와 죽음에서 구원하시는 은총에 대한 감사의 마음을 담아 제사를 드립니다. 이러한 제사, 제물, 제단의 장면을 접하고 묵상할 때 우리는 참된 감사의 정신을 발견하게 되고, 하나님의 은혜를 묵상하며, 우리 자신이 하나님을 향해 참된 감사의 예배를 올려드릴 수 있습니다.

오늘부터 9일간 우리는 구약의 감사의 제사들과 그것들을 존재케 한 하나님의 은혜에 대해 집중적으로 묵상합니다. 구체적인 내용은 매일 묵상을 통해 접하시게 되겠지만, 해당 내용을 아주 간략히 요약하면 다음과 같습니다. 하나님은 타락한 인류를 긍휼히 여기시어 구속하시고, 땅의 소산과 가축으로 감사하게 하십니다. 죄로 가득한 세상을 홍수로 심판하시는 가운데서도 긍휼을 잊지 않으시고 노아의 가족을 택하여 구원하십니다. 아브라함과 이삭과 야곱과 그 후손들에게 대대로 축복의 약속을 주시고, 수천 년간 그것을 신실하게 이루어 가십니다. 너는 복이 되고 천하 만민이 너로 말미암아 복을 얻으리라는 약속대로, 아브라함과 다윗의 자손 예수 그리스도(마 1:1 참조)를 통해 천하 만민이 하나님의 자녀가 되는 복을 얻게 하십니다. 우리가

Days 8-16 추가소개

이하에서 살펴볼 구약의 인물들은 하나님의 크고 놀라운 은혜에 대한 반응으로 그를 향해 감사의 제물, 제사, 제단을 올려 드렸습니다. 이 놀라운 하나님의 은혜의 역사와 그를 향한 감사의 제단을 읽는 것만으로도 하나님을 향한 감사와 신뢰가 차오릅니다.

우리가 이하에서 묵상할 구약 본문들을 통해 하나님의 은혜를 기억하며 무엇보다 그에게 감사하시기 바랍니다. 우리가 앞으로 9일간 묵상할 본문이 기록하는 하나님의 은혜와 그를 향한 감사는 우리와 별 상관없는 '먼 나라 이웃 나라' 이야기가 아닙니다. 아담, 노아, 아브라함, 이삭, 야곱, 다윗 모두가 믿음의 관점에서 우리의 직계 조상이기 때문입니다. 하나님은 이들 믿음의 선조들에게 주신 축복의 약속을 이루시려 그의 친아들을 이 세상에 보내셨습니다. 그리고 약속대로 그의 아들 예수 그리스도를 믿는 천하 만민이 구약 선조들의 영적 직계 후손이자 하나님의 자녀가 되는 축복을 얻게 하셨습니다. 우리는 하나님이 아브라함에게 약속하신, 하늘의 별과 같고 바다의 모래와 같이 무수한 약속의 자녀들입니다. 하나님이 믿음의 선조들에게 주신 은혜와 축복의 약속과 그 성취가 바로 우리의 것입니다. 그리고 그들의 감사 역시 바로 우리 것입니다! 앞으로 9일(Days 8-16) 동안 함께 묵상할 구약의 제사 장면들을 나의 예배로 여기고, 하나님이 그들에게 베푸신 은혜를 나의 은혜로 여기시기 바랍니다. 이 본문들에 등장하는 인물들처럼 하나님께 감사를 올려 드리기 바랍니다. 복된 약속을 주시고 그 약속을 신실하게 이루어 가시는 하나님의 은혜 역사를 읽고, 깊이 묵상하고, 진정한 감사를 회복해 갈 때, 우리 마음이 새 힘을 얻고, 주저앉은 우리 삶이 다시 일으켜지는 놀라운 역사가 일어날 것입니다.

자, 이제 그 본문들을 열고자 합니다. 준비가 되셨습니까?

---

18 R. E. Averbeck, "Sacrifices and Offerings," in *Dictionary of the Old Testament Pentateuch*, eds. T. Desmond Alexander & David W. Baker (Downers Grove: IVP, 2003), 707–710.

인류의 첫 감사 제사
저주받은 땅의 소산물로 드리는 역설적 감사

 오늘의 본문
창 3:8-4:5

3:8 그들이 그 날 바람이 불 때 동산에 거니시는 여호와 하나님의 소리를 듣고 아담과 그의 아내가 여호와 하나님의 낯을 피하여 동산 나무 사이에 숨은지라

3:9 여호와 하나님이 아담을 부르시며 그에게 이르시되 네가 어디 있느냐

3:10 이르되 내가 동산에서 하나님의 소리를 듣고 내가 벗었으므로 두려워하여 숨었나이다

3:11 이르시되 누가 너의 벗었음을 네게 알렸느냐 내가 네게 먹지 말라 명한 그 나무 열매를 네가 먹었느냐

3:12 아담이 이르되 하나님이 주셔서 나와 함께 있게 하신 여자 그가 그 나무 열매를 내게 주므로 내가 먹었나이다

3:13 여호와 하나님이 여자에게 이르시되 네가 어찌하여 이렇게 하였느냐 여자가 이르되 뱀이 나를 꾀므로 내가 먹었나이다

3:14 여호와 하나님이 뱀에게 이르시되 네가 이렇게 하였으니 네가 모든 가축과 들의 모든 짐승보다 더욱 저주를 받아 배로 다니고 살아 있는 동안 흙을 먹을지니라

3:15 내가 너로 여자와 원수가 되게 하고 네 후손도 여자의 후손과 원수가 되게 하리니 여자의 후손은 네 머리를 상하게 할 것이요 너는 그의 발꿈치를 상하게 할 것이니라 하시고

3:16 또 여자에게 이르시되 내가 네게 임신하는 고통을 크게 더하리니 네가 수고하고 자식을 낳을 것이며 너는 남편을 원하고 남편은 너를 다스릴 것이니라 하시고

3:17 아담에게 이르시되 네가 네 아내의 말을 듣고 내가 네게 먹지 말라 한 나무의 열매를 먹었은즉 땅은 너로 말미암아 저주를 받고 너는 네 평생에 수고하여야 그 소산을 먹으리라

3:18 땅이 네게 가시덤불과 엉겅퀴를 낼 것이라 네가 먹을 것은 밭의 채소 인즉

3:19 네가 흙으로 돌아갈 때까지 얼굴에 땀을 흘려야 먹을 것을 먹으리니 네가 그것에서 취함을 입었음이라 너는 흙이니 흙으로 돌아갈 것이니라 하시니라

3:20 아담이 그의 아내의 이름을 하와라 불렀으니 그는 모든 산 자의 어머니가 됨이더라

3:21 여호와 하나님이 아담과 그의 아내를 위하여 가죽옷을 지어 입히시니라

3:22 여호와 하나님이 이르시되 보라 이 사람이 선악을 아는 일에 우리 중 하나 같이 되었으니 그가 그의 손을 들어 생명 나무 열매도 따먹고 영생할까 하노라 하시고

3:23 여호와 하나님이 에덴 동산에서 그를 내보내어 그의 근원이 된 땅을 갈게 하시니라

3:24 이같이 하나님이 그 사람을 쫓아내시고 에덴 동산 동쪽에 그룹들과 두루 도는 불 칼을 두어 생명 나무의 길을 지키게 하시니라

4:1 아담이 그의 아내 하와와 동침하매 하와가 임신하여 가인을 낳고 이르되 내가 여호와로 말미암아 득남하였다 하니라

4:2 그가 또 가인의 아우 아벨을 낳았는데 아벨은 양 치는 자였고 가인은 농사하는 자였더라

4:3 세월이 지난 후에 가인은 땅의 소산으로 제물을 삼아 여호와께 드렸고

4:4 아벨은 자기도 양의 첫 새끼와 그 기름으로 드렸더니 여호와께서 아벨과 그의 제물은 받으셨으나

4:5 가인과 그의 제물은 받지 아니하신지라

∽ 저자 해설 및 묵상 ∽

추수감사절은 한 해 동안 땀 흘리고 수고하여 얻은 소산에 감사하여 하나님께 예배를 드리는 날입니다. 한 해 동안 밭을 갈고 물을 주고 보

살피며 땀 흘리고 수고하여 키운 곡식들을 거두어 하나님께 감사하는 절기입니다. 비록 문자적인 뜻에서 땅의 소산은 아니더라도 한 해 동안 삶의 현장에서 땀 흘려 수고하여 얻은 결실을 허락하신 하나님께 감사하는 날입니다. 그런데 한 해 동안 수고하고 땀 흘려 추수한 것을 기념하며 하나님께 감사드리는 일은 언제부터 시작된 것일까요? (추수감사주일을 절기로 구별하여 예배드리기 시작한 날을 말하는 것이 아니라, 땀 흘리고 수고하여 추수한 소산으로 하나님께 드린 감사 예배의 성경적 기원 말입니다.) 오늘 묵상 본문은 추수감사의 시원(origin)을 생생히 그려주고 있으며, 아울러 이번 추수감사절을 맞아 우리가 진정 감사해야 할 내용이 바로 하나님이 베푸신 구원의 은혜임을 일깨워 줍니다.

오늘 본문은 인류가 처음으로 땀 흘리고 수고하여 땅의 소산을 얻고, 애쓰고 고생하여 키운 가축을 하나님께 드리는 첫 제사에 대해 언급합니다(창 4:3-4). 기본적으로 구약의 모든 번제(제단)는 감사의 의미를 담고 있습니다. 오늘 제사 역시 소산을 얻게 하신 하나님께 감사의 마음을 담아 드리도록 한 제사입니다. 그러나, 거짓된 마음으로 드린 가인의 제사는 받지 않으시고, 아벨의 제사만 받으십니다. 그런데, 이 첫 제사에는 역설이 담겨 있습니다. 아담과 하와는 선악과를 따먹는 죄를 범하고 에덴에서 쫓겨납니다. 먹어서는 안 될 선악과를 취한 일로 인해 땅은 저주를 받습니다(창 3:17). 에덴은 인간이 땀 흘리고 수고하지 않아도 각종 과일을 내 주었지만 (창 2:16), 저주받은 땅은 더 이상 인간에게 채소를 허락하지 않습니다[창 3:18, (창 2:5 참조)]. 오히려 가시덤불과 엉겅퀴를 내어 놓습니다(창 3:18). 이제 인간이 땅에서 소산물을 얻기 위해서는 수고하고 땀 흘려 일해야만 합니다. 상황이 좋지 않습니다. 인류는 하나님께 심판받아 에덴에서 쫓겨나 죽게 되었고, 땀 흘리고 수고해야만 소산물을 얻도록 저주 받았습니다. 그런데, 어찌된 일인지 창 4:3-4는 에덴에서 쫓겨난 인류가 땀 흘리고 고생하여 얻은 소산물로 하나님께 제사를 드리는 역설적 장면을 기록합니다. 어떻게 이런 제사가 가능했던 것일까요?

하나님이 아담과 하와의 고백에 따라 죄에 대해 벌을 내리시지만, 거기서 멈추지 않으시고, 아담과 하와를 구속하고 하나님 자신과 인간 사이의 관계를 회복하셨기 때문입니다. 하나님은 선악과를 따먹고 하나님의 얼굴을 피해 숨은 아담과 하와를 먼저 찾아가십니다(창 3:8-10). 하나님이 부르시니 아담은 그가 벗었고 두려워 숨었다고 고백합니다. 하나님께서는 선악과를 먹었는지 물으셨고, 아담과 하와는 자세한 정황을 이야기하며 열매를 먹었음을 고백합니다(창 3:11-13). 하나님은 아담과 하와에게 벌을 내리지만, 그들을 긍휼히 여기십니다. 하나님은 뱀의 후손의 머리를 밟아 상하게 할 여자의 후손, 즉 구원자요 심판자인 그리스도를 약속합니다(창 3:15). 그리고 아담과 하와의 죄가 가려지도록 가죽 옷을 지어 입히십니다(창 3:21). 여기서 언급된 가죽 옷은 동물을 죽여 속죄의 제물로 삼고 이를 통해 아담과 하와의 죄를 사해주셨음을 암시합니다. 이 같은 하나님의 선제적 은혜와 구원 행동이 인류가 제사(창 4:3-4)를 드리는 일을 가능케 했습니다! 하나님이 타락한 인류를 저버리시지 않으시고 먼저 찾아오시어 깨어진 관계를 회복하신 것입니다. 하나님의 이 같은 용서와 회복의 은혜가 감사로 드리는 제사를 가능하게 한 것입니다.

추수감사절에 우리는 무엇에 대해 감사해야 할까요? 죄로 인해 에덴에서 쫓겨나 죽게 되었음에도 불구하고 먼저 찾아오시어 죄의 문제를 해결해 주시고, 깨어진 관계를 회복하시어 감사의 예배를 드릴 수 있게 하신 주님의 놀라우신 은혜, 즉 구원의 은혜입니다(눅 19:10 참조). 하나님이 아담과 하와를 죄에서 구속하지 않으셨다면 오늘날의 추수감사주일도 없었을 것입니다. 하나님의 저주로 인해 수고하고 땀 흘려 소산을 얻게 된 것에 원망의 마음이 있을 수 있지만, 하나님의 용서와 구원의 큰 은혜가 모든 것을 덮습니다. 역설적이게도 고생하고 땀 흘려 소산을 얻게 저주하신 하나님이시지만, 그에게 받은 용서와 구원의 은혜가 너무 크기 때문에 그 힘들게 얻은 소산으로 감사 제물(선물)을 드릴 수 있습니다. 우리가 맞이하는 이번 감사절이 그 무엇보다 하나님이 베푸신 구속의 은총에 감격하고 감사하는 날이 되길 기도합니다.

묵상과 적용을 위한 질문

1. 지금까지 추수감사절에 주로 무엇에 대해 감사해 왔나요? 이번 감사절을 맞아 특별히 무엇에 대해 감사하기 원하십니까?

2. 오늘 묵상 본문은 추수감사(혹은 감사)에 무엇을 가르쳐 주나요?

___

나만의 묵상 메모

오늘 묵상을 통해 주신 깨달음에 대해 직접 기록해 보세요.

저자와 함께 하는 한 줄 기도

먼저 찾아오사 구원의 길을 여신 하나님의 놀라우신 그 은혜에 감격하는 이번 감사절이 되게 하소서.

 기도와 결단

오늘 묵상한 말씀의 적용과 삶의 결단을 담아 자신의 기도를 적어보세요.

_____
_____
_____
_____

노아의 감사 번제
구원과 '새 창조'에 대한 감사

 오늘의 본문
창 8:8-22

8:8 그가 또 비둘기를 내놓아 지면에서 물이 줄어들었는지를 알고자 하매
8:9 온 지면에 물이 있으므로 비둘기가 발 붙일 곳을 찾지 못하고 방주로 돌아와 그에게로 오는지라 그가 손을 내밀어 방주 안 자기에게로 받아들이고
8:10 또 칠 일을 기다려 다시 비둘기를 방주에서 내놓으매
8:11 저녁때에 비둘기가 그에게로 돌아왔는데 그 입에 감람나무 새 잎사귀가 있는지라 이에 노아가 땅에 물이 줄어든 줄을 알았으며
8:12 또 칠 일을 기다려 비둘기를 내놓으며 다시는 그에게로 돌아오지 아니하였더라
8:13 육백일 년 첫째 달 곧 그 달 초하룻날에 땅 위에서 물이 걷힌 지라 노아가 방주 뚜껑을 제치고 본즉 지면에서 물이 걷혔더니
8:14 둘째 달 스무 이렛날에 땅이 말랐더라
8:15 하나님이 노아에게 말씀하여 이르시되
8:16 너는 네 아내와 네 아들들과 네 며느리들과 함께 방주에서 나오고
8:17 너와 함께 한 모든 혈육 있는 생물 곧 새와 가축과 땅에 기는 모든 것을 다 이끌어내라 이것들이 땅에서 생육하고 땅에서 번성하리라 하시매
8:18 노아가 그 아들들과 그의 아내와 그 며느리들과 함께 나왔고
8:19 땅 위의 동물 곧 모든 짐승과 모든 기는 것과 모든 새도 그 종류대로 방주에서 나왔더라
8:20 노아가 여호와께 제단을 쌓고 모든 정결한 짐승과 모든 정결한 새 중에서 제물을 취하여 번제로 제단에 드렸더니
8:21 여호와께서 그 향기를 받으시고 그 중심에 이르시되 내가 다시는 사람으로 말미암아 땅을 저주하지 아니하리니 이는 사람의 마음이 계획하는 바가 어려서부터 악함이라 내가 전에 행한 것 같이 모든 생물

을 다시 멸하지 아니하리니
8:22 땅이 있을 동안에는 심음과 거둠과 추위와 더위와 여름과 겨울과 낮과 밤이 쉬지 아니하리라

∞ 저자 해설 및 묵상 ∞

  40일 간의 비가 그친 후 세상은 물로 완전히 덮여 있습니다. 마치 천지가 창조되기 이전의 혼돈하고 공허하며 어둡고 물로 덮인 세상 같습니다. 노아가 비둘기를 날려보냈지만 땅은 아직 물로 덮여 비둘기가 내려앉을 곳이 없습니다. 40일 홍수 이후의 세상은 창조 이전처럼 물로 덮인 공허한 곳입니다. 노아는 7일 후에 다시 비둘기를 내보냈고, 비둘기는 그 때 새 감람나무 잎을 물고 돌아옵니다. 세상을 덮었던 물이 마르기 시작하고, 세상은 다시 나무를 내기 시작합니다. 또 7일이 지납니다. 이번에 내보낸 비둘기는 좋은 집을 얻었는지 다시 돌아오지 않습니다. 창조하신 세상이 죄악으로 가득 차 물로 심판을 받았으나, 이제 회복의 사건이 벌어집니다. 홍수는 심판을 의미하지만, 동시에 죄에 빠진 세상을 물로 씻고 새롭게 회복시키시는 갱신의 역사이기도 합니다. 이 회복과 갱신의 은혜에 감사드립니다.

  이제 노아와 그의 가족들과 종류대로 방주에 탔던 생물들이 새롭게 된 세상으로 나옵니다. 창세기 1장에서 말씀하셨듯이, 하나님은 생육하고 번성할 것을 새로이 명하십니다. 노아는 방주에서 내리자마자 여호와께 제단을 쌓고 모든 정결한 짐승과 모든 정결한 새 중에서 제물을 취해 번제를 올려드립니다. 노아의 번제는 홍수 심판에서 생명을 구

원하신 하나님께 올려 드리는 감사의 마음을 가득 담은 제사일 것입니다. 또한, 죄악으로 더러운 세상을 물로 깨끗이 씻어 새롭게 하신 회복에 대한 감사의 마음을 담은 것이기도 할 것 입니다. 더불어 하나님은 "땅이 있을 동안에는 심음과 거둠과 추위와 더위와 여름과 겨울과 낮과 밤이 쉬지 아니하리라"고 약속하십니다(창 8:22). 인간은 심고 거두고 땀 흘리고 고생해야 하겠지만, 땅의 소산물을 얻고 살아가며 거두어 들인 결실로 하나님께 감사의 예배를 드릴 수 있습니다.

오늘 본문을 묵상하며 기억해야 할 것은 하나님이 노아의 가족을 홍수 심판에서 구원하지 않으셨다면 오늘 우리도 이 세상에 없을 것이라는 점입니다. 노아와 그의 가족은 우리의 선조이자, 직계 가족입니다. 홍수를 통해 노아가 경험한 놀라운 구원의 은혜와 역사가 그들과 한 가족인 우리의 은혜이며 역사입니다. 하나님이 노아 가족을 구원하신 것은 그 후손으로 태어날 우리까지 구원하신 것입니다. 노아가 그러했듯, 우리 역시 이 방주를 통한 구원의 은혜에 감사해야 합니다. 더불어 감사해야 할 것은, 오늘 우리도 홍수를 통해 회복하고 갱신된 새로운 땅에서 살게 하셨다는 것입니다. 또한, 홍수 이후 여전히 심음과 거둠과 추위와 더위와 여름과 겨울과 낮과 밤을 쉬지 않게 하시어 우리들이 땅에서 살며 소산물을 얻을 수 있게 하셨다는 사실입니다. 그리고, 그 소산물로 감사 예배를 드릴 수 있게 하셨다는 사실입니다.

그러나 우리가 무엇보다 감사해야 하는 것은 구원의 방주가 궁극적으로 가리키는 바, 구원자 예수 그리스도입니다. 그리고 홍수 이후에 주신 회복된 세상이 궁극적으로 가리키는 바, 우리가 영원히 살게 될 새 하늘과 새 땅이라는 영원한 실체입니다(계 21-22 참조). 방주에서 나온 노아가 하나님께 감사의 마음을 담아 제사 드렸듯, 우리 역시 마음을 담아 감사의 제사를 올려 드려야 합니다(창 8:20).

현재 지구 전역은 팬데믹으로 인해 크고 작은 어려움과 고통을 겪고 있습니다. 많은 사람이 그로 인해 사망했고, 많은 이들이 아파하고 있습니다. 많은 이가 정신적으로 큰 압박감에 시달리고 있습니다. 경제 상황도 매우 어렵고 힘듭니다. 하지만 기억하십시오. 하나님은 온 세상을 덮은 홍수 가운데서도 노아와 그의 후손을 구원하셨습니다. 노아의 가족은 방주에 들어간 날부터 비가 그치고 땅이 말라 방주에서 나오기까지 377일간 어둡고 습하고 동물의 배설물 냄새가 나는 방주에서 자가격리(?)를 하며 인고의 시간(?)을 지냈습니다. 그러나 그들은 구원의 방주 안에서 너무나 안전했습니다. 노아의 하나님이 우리의 하나님입니다. 온 세상을 덮은 홍수에서 노아를 구원하신 하나님이 우리를 구원하사 새 하늘과 새 땅에 이르게 하실 것입니다.

홍수가 지나갔듯이 팬데믹의 모든 어려움도 시간이 흐르며 지나갈 것입니다. 홍수 이후에 더 좋은 세상을 주셨듯이 팬데믹 이후에 더 나은 세상을 주시길 소망합니다. 노아가 방주 안에서 안전하였듯이 우리는 구원의 방주이신 예수님 안에서 안전합니다. 무슨 일이 있어도 결코 염려하지 마십시오. 구원의 방주이신 예수님이 그의 자녀들을 새 하늘과 새 땅에 데려다 주시고, 거기서 영원히 함께 살게 하실 것입니다. 거기에서 우리의 감사 예배를 받으실 것입니다.

21 Days of Reflection on God's Word

묵상과 적용을 위한 질문

1. 당신이 예수 그리스도 안에서 있는 하나님의 구원을 인격적으로 경험했던 일에 대해 적어보라.
2. 지금 당신 삶 가운데 그 일로 인한 감사의 제사가 있는가?

나만의 묵상 메모

오늘 묵상을 통해 주신 깨달음에 대해 직접 기록해 보세요.

저자와 함께 하는 한 줄 기도

그리스도 안에서 하나님이 베푸신 구원에 대한 감사의 제사가 제 평생 이어지게 하소서.

 기도와 결단

오늘 묵상한 말씀의 적용과 삶의 결단을 담아 자신의 기도를 적어보세요.

___

___

___

___

아브라함의 번제
받은 전부를 돌려드리는 감사의 모범

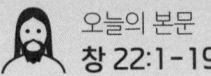 오늘의 본문
창 22:1-19

22:1 그 일 후에 하나님이 아브라함을 시험하시려고 그를 부르시되 아브라함아 하시니 그가 이르되 내가 여기 있나이다
22:2 여호와께서 이르시되 네 아들 네 사랑하는 독자 이삭을 데리고 모리아 땅으로 가서 내가 네게 일러 준 한 산 거기서 그를 번제로 드리라
22:3 아브라함이 아침에 일찍이 일어나 나귀에 안장을 지우고 두 종과 그의 아들 이삭을 데리고 번제에 쓸 나무를 쪼개어 가지고 떠나 하나님이 자기에게 일러 주신 곳으로 가더니
22:4 제삼일에 아브라함이 눈을 들어 그 곳을 멀리 바라본지라
22:5 이에 아브라함이 종들에게 이르되 너희는 나귀와 함께 여기서 기다리라 내가 아이와 함께 저기 가서 예배하고 우리가 너희에게로 돌아오리라 하고
22:6 아브라함이 이에 번제 나무를 가져다가 그의 아들 이삭에게 지우고 자기는 불과 칼을 손에 들고 두 사람이 동행하더니
22:7 이삭이 그 아버지 아브라함에게 말하여 이르되 내 아버지여 하니 그가 이르되 내 아들아 내가 여기 있노라 이삭이 이르되 불과 나무는 있거니와 번제할 어린 양은 어디 있나이까
22:8 아브라함이 이르되 내 아들아 번제할 어린 양은 하나님이 자기를 위하여 친히 준비하시리라 하고 두 사람이 함께 나아가서
22:9 하나님이 그에게 일러 주신 곳에 이른지라 이에 아브라함이 그 곳에 제단을 쌓고 나무를 벌여 놓고 그의 아들 이삭을 결박하여 제단 나무 위에 놓고
22:10 손을 내밀어 칼을 잡고 그 아들을 잡으려 하니
22:11 여호와의 사자가 하늘에서부터 그를 불러 이르시되 아브라함아 아브라함아하시는지라 아브라함이 이르되 내가 여기 있나이다 하매
22:12 사자가 이르시되 그 아이에게 네 손을 대지 말라 그에게 아무 일도 하

	지 말라 네가 네 아들 네 독자까지도 아끼지 아니하였으니 내가 이제야 네가 하나님을 경외하는 줄을 아노라
22:13	아브라함이 눈을 들어 살펴 본즉 한 숫양이 뒤에 있는데 뿔이 수풀에 걸려 있는지라 아브라함이 가서 그 숫양을 가져다가 아들을 대신하여 번제로 드렸더라
22:14	아브라함이 그 땅 이름을 여호와 이레라 하였으므로 오늘날까지 사람들이 이르기를 여호와의 산에서 준비되리라 하더라
22:15	여호와의 사자가 하늘에서부터 두 번째 아브라함을 불러
22:16	이르시되 여호와께서 이르시기를 내가 나를 가리켜 맹세하노니 네가 이같이 행하여 네 아들 네 독자도 아끼지 아니하였은즉
22:17	내가 네게 큰 복을 주고 네 씨가 크게 번성하여 하늘의 별과 같고 바닷가의 모래와 같게 하리니 네 씨가 그 대적의 성문을 차지하리라
22:18	또 네 씨로 말미암아 천하 만민이 복을 받으리니 이는 네가 나의 말을 준행하였음이니라 하셨다 하니라
22:19	이에 아브라함이 그의 종들에게로 돌아가서 함께 떠나 브엘세바에 이르러 거기 거주하였더라

∘• 저자 해설 및 묵상 •∘

"어디까지 가봤니?"라는 항공사 광고 카피가 유행한 적이 있습니다. 세계 각지로 향하는 비행기 티켓을 팔기 위해 한 항공사가 만든 광고 카피였습니다. 오늘 본문을 묵상하면서는 다음과 같은 카피가 떠오릅니다. "어디까지 드려 봤니?" 성도들에게 헌금을 많이 내도록 유도하는 질문이 아닙니다. 하나님이 베풀어 주신 것에 대한 우리의 감사가 어디까지였는지 혹은 어느 만큼이어야 하는지에 대해 생각해 보기 위한 것입니다. 아브라함은 이렇게 답할 것입니다. "내 전부인 아들 이삭까지 드려 봤습니다." 우리는 어떻게 하나님께 감사를 드려야 할까요? 매년 한 주(one week)를 정해 특별한 감사예배를 드리면 될까요? 감사의 마음을 담아 일정한 금액을 드리면 되는 것일까요?

　하나님께 받은 모든 것이자 자신의 전부인 아들 이삭을 드리려 한 아브라함의 모습은 실로 우리가 드려야 할 감사의 모범으로 삼을 만합니다. 사실, 아브라함의 인생은 하나님의 축복의 약속을 받고 매순간 그것을 성실하게 이루어 주시는 하나님께 제단을 쌓고 여호와의 이름을 부르며 감사를 드린 인생이라고 요약할 수 있습니다. 아브라함은 75세에 하나님께 부름받아 너로 큰 민족을 이루고 이름을 창대하게 하며 너는 복이 되고 땅의 모든 민족이 너로 말미암아 복을 얻을 것이라는 축복의 약속을 받았습니다(창 12:1-3). 아브라함은 약속대로 가나안 땅을 받고 하나님께 감사의 제단을 쌓았습니다(창 12:8, 13:18). 기근으로 애굽에 내려갔다가 하나님의 보호를 경험하고 큰 재물을 얻고 돌아오게 하신 하나님께 감사의 제단을 쌓기도 했습니다(창 13:4). 이웃 왕들과 전쟁에서 승리하고 조카 롯을 구하게 하신 하나님께 감사의 십일조도 드렸습니다(창 14:19-20). 자식이 없어 두려워하던 그를 찾아오시어 다시 한번 축복의 약속을 확인해 주신 하나님께 제물을 드렸습니다(창 15). 아비멜렉과의 충돌에서 보호하시고 블레셋 땅을 얻게 하신 영원하신 하나님의 이름을 부르며 감사를 드렸습니다(창 19:33).

　그리고 하나님은 아브라함이 100세가 되었을 때 축복의 약속대로 아들 이삭을 주십니다. 이삭을 얻기까지 여러 실수와 잘못이 있었지만, 하나님은 그것들을 모두 덮어 주시고 오히려 큰 축복을 베풀어 주십니다. 아브라함에게 이삭은 말 그대로 그가 받은 '모든 것'입니다. 이전에 받은 모든 축복들이 이삭으로 수렴합니다. 이삭이 100세에 얻은 유일한 아들이었을 뿐만 아니라, 너로 복의 근원이 되고 큰 민족을 이루고 모든 민족이 복을 얻을 것이라는 하나님의 약속을 성취할 아들이기 때문입니다. 그런데 하나님은 그런 독자 이삭을 번제로 드리라고 명하셨습니다. 이삭을 번제로 드리라고 하시는 것은 하나님이 아브라함에게 주신 모든 것, 그가 가진 전부를 드리라는 말과 같았습니다. 이는, '나와 내가 네게 준 전부 중에서 하나를 선택하라'는 테스트였습니다. 그리고 아브라함은 이삭을 드립니다. '나는 하나님이 주신 모든 것, 그것이 설사 나의 전부인 독자 이삭이라고 할지라도 하나님 그분과 바꾸지는 않겠다!'는 고백입니다.

하나님께 이삭을 번제로 드리라는 말씀은 우리가 하나님께 드리는 감사가 어떠해야 하는지 생각하게 합니다. 아브라함은 아이를 낳을 수 없는 100세(당시 사라의 나이는 90세)에 약속에 따라 이삭을 얻었습니다. 그렇기에 아브라함은 이삭이 하나님이 주신 아들이며 하나님 것임을 분명히 압니다. 아브라함이 하나님께 받은 모든 것이자 그의 전부인 이삭을 번제로 돌려드리려 하듯이 우리의 감사 역시 본질적으로 하나님께 받은 모든 것(생명, 가족, 시간, 물질, 지위, 학위, 관계 등)을 돌려드리는 것이어야 합니다. 하나님이 주신 모든 것을 다시 하나님께 돌려드리며 우리의 중심이 하나님이 주신 그 어떤 것에 있지 않고 오직 하나님 그분께 있음을 고백하는 것입니다. 참된 감사의 고백은 그저 말로만 하는 것이 아닙니다. 아브라함이 그랬듯, 하나님이 주신 것을 모든 것을 그분께 돌려드리며 삶과 존재의 중심에 오직 하나님만 남겨 두는 것입니다. 즉, 어떤 다른 이유나 어느 다른 목적 때문이 아니라, 하나님 그분으로 인해 감사하는 것입니다! 우리 중심에서부터 우리의 가진 모든 것이 하나님 것임을 인정하고 전부를 그분께 매순간 돌려드리는 것입니다.

하나님이 지금까지 우리에게 주신 것들이 너무나 많습니다. 우리가 소유한 것 중 하나님이 주시지 않은 것이 하나도 없습니다. 그러나 때로는 하나님이 주신 것을 다시 취하실 때가 있는 것 같습니다. 어쩌면 팬데믹을 겪고 있는 지금이 그런 시기인지도 모르겠습니다. 그러나 하나님의 진심은 주신 것을 다시 빼앗아 가는 것이 아닙니다. 오히려 우리의 중심에 하나님이 주신 그 어떤 것이 아니라 오직 하나님 그분만 사랑하고 그분 한 분으로 만족하며 감사하고 있는지 확인하시는 것입니다. 아브라함이 칼을 들어 이삭을 번제로 드리려 할 때, 하나님이 그 손을 붙잡으십니다. 이삭은 돌려주시고, 그가 친히 준비해둔 숫양을 번제로 받으십니다. 여호와 이레!

하나님이 실제로 이삭을 제물로 받지는 않으셨지만, 아브라함의 중심으로부터는 이삭을 제물로 받으셨습니다. 아브라함이 자신의 전부인 이삭을 하나님께 기꺼이 돌려드렸을 때, 하나님은 이삭을 다시 돌려주셨습니다. 이삭도 돌려주시고 그보다 더 좋은 것도 주십니다. 바로 예수 그리스도를 예표하는 숫양입니다. 하나님은 아브라함이 이삭은 죽이지 못하게 막으시고, 대신 당신의 친아들을 십자가에서 내어 주십니다. 하나님께 받은 모든 것을 감사로 돌려드렸을 때, 더 큰 사랑 그러니까 궁극적 사랑으로 돌려주신 것입니다.

우리의 모든 것, 생명까지도 하나님이 주셨으니, 언제든 아니 매 순간 하나님께 그것들을 감사함으로 돌려드려야 합니다. 주신 것의 일부는 드릴 수 있어도 전부를 다 드릴 수 없다면, 그것은 아브라함이 드렸던 것과 같은 온전한 감사가 아닙니다. 받은 전부를 내어드릴 때, 아브라함처럼 더 큰 사랑을 받고 더 큰 감사를 올려드리게 인도하실 것입니다.

묵상과 적용을 위한 질문

1. 여러분의 마음 중심은 하나님이 베푸신 무언가로 차 있나요? 아니면 하나님 그분으로 차 있나요?

2. 여러분이 생각하는 '감사'란 과연 어떤 것인가요? 어떻게 우리는 (아브라함이 그러했듯) 하나님이 주신 모든 것을 그에게 돌려드리는 감사를 할 수 있을까요?

___

___

___

___

나만의 묵상 메모

오늘 묵상을 통해 주신 깨달음에 대해 직접 기록해 보세요.

___

___

___

___

저자와 함께 하는 한 줄 기도

하나님이 주신 모든 것을 하나님께 매 순간 돌려드리는 궁극적 감사의 인생이 되게 하소서.

 기도와 결단

오늘 묵상한 말씀의 적용과 삶의 결단을 담아 자신의 기도를 적어보세요.

_____

_____

_____

_____

이삭의 감사 제단

불신과 죄에도 불구하고 축복의 약속을
이루어 주시는 신실하신 하나님께 감사

 오늘의 본문
창 26:1-25

26:1 아브라함 때에 첫 흉년이 들었더니 그 땅에 또 흉년이 들매 이삭이 그랄로 가서 블레셋 왕 아비멜렉에게 이르렀더니

26:2 여호와께서 이삭에게 나타나 이르시되 애굽으로 내려가지 말고 내가 네게 지시하는 땅에 거주하라

26:3 이 땅에 거류하면 내가 너와 함께 있어 네게 복을 주고 내가 이 모든 땅을 너와 네 자손에게 주리라 내가 네 아버지 아브라함에게 맹세한 것을 이루어

26:4 네 자손을 하늘의 별과 같이 번성하게 하며 이 모든 땅을 네 자손에게 주리니 네 자손으로 말미암아 천하 만민이 복을 받으리라

26:5 이는 아브라함이 내 말을 순종하고 내 명령과 내 계명과 내 율례와 내 법도를 지켰음이라 하시니라

26:6 이삭이 그랄에 거주하였더니

26:7 그 곳 사람들이 그의 아내에 대하여 물으며 그가 말하기를 그는 내 누이라 하였으니 리브가는 보기에 아리따우므로 그 곳 백성이 리브가로 말미암아 자기를 죽일까 하여 그는 내 아내라 하기를 두려워함이었더라

26:8 이삭이 거기 오래 거주하였더니 이삭이 그 아내 리브가를 껴안은 것을 블레셋 왕 아비멜렉이 창으로 내다본지라

26:9 이에 아비멜렉이 이삭을 불러 이르되 그가 분명히 네 아내거늘 어찌 네 누이라 하였느냐 이삭이 그에게 대답하되 내 생각에 그로 말미암아 내가 죽게 될까 두려워하였음이로라

26:10 아비멜렉이 이르되 네가 어찌 우리에게 이렇게 행하였느냐 백성 중 하나가 네 아내와 동침할 뻔하였도다 네게 죄를 우리에게 입혔으리라

26:11 아비멜렉이 이에 모든 백성에게 명하여 이르되 이 사람이나 그의 아내를 범하는 자는 죽이리라 하였더라

26:12 이삭이 그 땅에서 농사하여 그 해에 백 배나 얻었고 여호와께서 복을 주시므로

26:13 그 사람이 창대하고 왕성하여 마침내 거부가 되어

26:14 양과 소가 떼를 이루고 종이 심히 많으므로 블레셋 사람이 그를 시기하여

26:15 그 아버지 아브라함 때에 그 아버지 종들이 판 모든 우물을 막고 흙으로 메웠더라

26:16 아비멜렉이 이삭에게 이르되 네가 우리보다 크게 강성한즉 우리를 떠나라

26:17 이삭이 그 곳을 떠나 그랄 골짜기에 장막을 치고 거기 거류하며

26:18 그 아버지 아브라함 때에 팠던 우물들을 다시 팠으니 이는 아브라함이 죽은 후에 블레셋 사람이 그 우물들을 메웠음이라 이삭이 그 우물들의 이름을 그의 아버지가 부르던 이름으로 불렀더라

26:19 이삭의 종들이 골짜기를 파서 샘 근원을 얻었더니

26:20 그랄 목자들이 이삭의 목자와 다투어 이르되 이 물은 우리의 것이라 하매 이삭이 그 다툼으로 말미암아 그 우물 이름을 에섹이라 하였으며

26:21 또 다른 우물을 팠더니 그들이 또 다투므로 그 이름을 싯나라 하였으며

26:22 이삭이 거기서 옮겨 다른 우물을 팠더니 그들이 다투지 아니하였으므로 그 이름을 르호봇이라 하여 이르되 이제는 여호와께서 우리를 위하여 넓게 하셨으니 이 땅에서 우리가 번성하리로다 하였더라

26:23 이삭이 거기서부터 브엘세바로 올라갔더니

26:24 그 밤에 여호와께서 그에게 나타나 이르시되 나는 네 아버지 아브라함의 하나님이니 두려워하지 말라 내 종 아브라함을 위하여 내가 너와 함께 있어 네게 복을 주어 네 자손이 번성하게 하리라 하신지라

26:25 이삭이 그 곳에 제단을 쌓고, 여호와의 이름을 부르며 거기 장막을 쳤더니 이삭의 종들이 거기서도 우물을 팠더라

◦• 저자 해설 및 묵상 •◦

　가나안 땅에 거주하던 이삭에게 아브라함이 겪은 것과 같은 흉년이 왔습니다(창 26:1). 흉년으로 인해 이삭과 그의 가솔들이 굶어 죽을 심각한 위기에 처했습니다. 가나안을 버리고 떠나야 할까요? 이삭이 거주하던 가나안 땅은 하나님이 아브라함과 그의 후손에게 주신 약속의 땅이었습니다. 가나안 땅을 버리고 떠나는 것은 하나님의 약속을 버리고 떠나는 것입니다. 흉년으로 인한 생명의 위기 앞에 약속을 버리고 가나안을 떠나는 것과 약속을 붙잡고 가나안에 머무르는 것 중 이삭은 어떤 선택을 해야 할까요? 아브라함은 흉년으로 인한 위기 앞에 하나님이 주신 약속의 땅 가나안을 버리고 애굽에 내려갔습니다. 그는 생명의 위기 앞에 하나님과 그의 약속이 아닌 애굽을 의지했습니다. 하나님이 흉년의 위기를 이기게 하시고 약속을 이루실 것을 믿지 않았습니다. 안타깝게도 이삭도 애굽으로 발걸음을 옮깁니다. 그렇게 가나안을 떠나 남쪽으로 향하던 이삭은 블레셋 왕 아비멜렉이 있는 그랄 땅에 이르게 되었습니다.

　그러나 아브라함 때와는 다른 일이 벌어집니다. 애굽으로 내려가던 이삭이 그랄 땅에 이르렀을 때 하나님이 그를 친히 찾아가서 가던 길을 멈춰 세우십니다. "애굽으로 내려가지 말고 내가 네게 지시하는 땅에 거주하라 이 땅에 거류하면 내가 너와 함께 있어 네게 복을 주고 내가 이 모든 땅을 너와 네 자손에게 주리라 내가 네 아버지 아브라함에게 맹세한 것을 이루어 네 자손을 하늘의 별과 같이 번성하게 하며 이 모든 땅을 네 자손에게 주리니 네 자손으로 말미암아 천하 만민이 복을 받으리라 이는 아브라함이 내 말을 순종하고 내 명령과 내 계명과 내 율례와 내 법도를 지켰음이라 하시니라"는 약속을 주십니다(창 26:2-5). 하나님은 생명의 위기 앞에 하나님이 아닌 애굽을 의지하는 이삭을 돌이키십니다. 이삭의 불신으로 인해 하나님이 아브라함과 그 후손에게 주신 약속이 깨어질 위기에 처했었지만, 하나님은 친히 이삭을 찾아가 돌이키심으로 축복의 약속을 보호하시고 새롭게 하십니다. 하나님은 이것이 그의 말에 순종하고 법도를 지킨 아브라함으로 인한 것이라고 밝히십니다. 하나님의 축복의 약속에 순종으로 반응해야 합니다.

그러나 얼마 지나지 않아 이삭은 다시 한번 목숨을 잃을까 두려워 하나님을 믿지 않고 약속을 버립니다. 그랄에 거주하게 된 이삭은 블레셋 사람이 리브가의 아리따움을 보고 자기를 죽일까 두려워하여 그곳 사람들에게 리브가를 누이라고 말합니다(창 26:6-7). 하나님을 신뢰하지 않고 리브가를 누이라 속여 자신을 보호합니다. 리브가가 범해질 위험에 놓여 네 자손이 하늘의 별과 같이 많아지고 천하 만민이 그들로 복을 받으리라는 축복의 약속이 깨어질 위기에 놓였습니다. 그러나 하나님이 다시 한번 움직이십니다. 하나님은 이삭과 리브가가 서로 안는 장면을 아비멜렉에게 보게 하여 리브가가 이삭의 아내임을 알게 하고 아무도 리브가를 범하지 못하게 하십니다. 이삭의 불신과 약속을 버리는 범죄에도 불구하고 하나님은 리브가를 보호하시어 많은 후손을 낳을 수 있도록 약속을 지키십니다. 또한, 약속대로 이삭을 그랄 땅에서 창대하고 왕성하여 거부가 되게 하십니다(창 26:12-13). 그로 인해 이삭은 블레셋 사람들의 시기와 위협을 받아 여기 저기 옮겨 다니게 되지만, 하나님은 그가 가는 곳마다 생명을 상징하는 샘의 근원과 우물을 나게 하시며 번성하게 하십니다. 마지막으로 하나님은 이삭을 브엘세바로 인도하여 "나는 네 아버지 아브라함의 하나님이니 두려워하지 말라 내 종 아브라함을 위하여 내가 너와 함께 있어 네게 복을 주어 네 자손이 번성하게 하리라"는 약속의 말씀을 다시 주십니다(창 26:24).

거기서 이삭이 하나님께 드릴 제단을 쌓습니다. 이삭은 지금까지 하나님이 주신 축복의 약속대로 그를 보호하시고 거부가 되게 하신 것에 대한 감사의 마음을 담아 제단 돌을 하나하나 쌓았을 것입니다. 또한, 그의 평생에 하나님을 불신하고, 약속을 깨뜨리는 죄를 반복적으로 지었지만, 그럼에도 불구하고 상황들을 반전시켜 약속을 이루어 복 주신 하나님의 신실하심에 드리는 감사의 마음도 담았을 것입니다. 이삭의 감사 제단이 기념하는 하나님과 그의 은혜와 성실하심이 지금 우리 마음에도 동일하게 경험되길 바랍니다. 이삭이 그의 인생에 늘 함께 하시고 축복하신 하나님께 드리는 감사와 찬양의 제단을 함께 올려드리길 바랍니다. 아브라함과 이삭에게 주신 축복의 약속이 우리의 약속이고, 그것을 신실하게 이루어 주신 하나님이 우리의 하나님이기 때문입니다. 하나님이 우리에게도 동일하게 은혜를 주시고 성실하십니다. 때때로 우리는 이삭처럼 위기 앞에 두려워하고, 하나님을 불신하고, 하나님이 아닌 것을 의지합니다. 하지만 이삭에게 은혜로 행하셨듯이, 하나님은 우리를 돌이켜 약속하신 축복을 얻게 하실 것입니다. 하나님은 이삭에게 그리하셨듯이 우리에게도 은혜를 베푸십니다.

 묵상과 적용을 위한 질문

1. 여러분은 이삭처럼 위기의 상황에서 하나님이 아닌 다른 것을 의지하는 죄를 범한 적이 있나요? 여러분의 불신에도 불구하고 상황을 역전시켜 위기에서 건지시는 하나님을 경험한 적이 있나요?

2. 예수님으로 말미암아 천하 만민으로 복을 받게 된 아브라함과 이삭의 자손인 여러분은 천하 만민을 향해 어떤 축복을 유통하고 있나요? 당신은 축복의 통로인가요?

나만의 묵상 메모

오늘 묵상을 통해 주신 깨달음에 대해 직접 기록해 보세요.

저자와 함께 하는 한 줄 기도

우리의 연약함과 실수와 죄를 은혜로 덮어 주시고 축복의 약속을 지키시는 신실하신 하나님 감사합니다.

 기도와 결단

오늘 묵상한 말씀의 적용과 삶의 결단을 담아 자신의 기도를 적어보세요.

야곱의 감사 제단

약속을 주시고 신실하게 이루시는 여호와를
나의 하나님이라 고백하며 드리는 감사

 오늘의 본문
창 35:1-15

35:1 하나님이 야곱에게 이르시되 일어나 벧엘로 올라가서 거기 거주하며 네가 네 형 에서의 낯을 피하여 도망하던 때에 네게 나타났던 하나님께 거기서 제단을 쌓으라 하신지라

35:2 야곱이 이에 자기 집안 사람과 자기와 함께 한 모든 자에게 이르되 너희 중에 있는 이방 신상들을 버리고 자신을 정결하게 하고 너희들의 의복을 바꾸어 입으라

35:3 우리가 일어나 벧엘로 올라가자 내 환난 날에 내게 응답하시며 내가 가는 길에서 나와 함께 하신 하나님께 내가 거기서 제단을 쌓으려 하노라 하매

35:4 그들이 자기 손에 있는 모든 이방 신상들과 자기 귀에 있는 귀고리들을 야곱에게 주는지라 야곱이 그것들을 세겜 근처 상수리나무 아래에 묻고

35:5 그들이 떠났으나 하나님이 그 사면 고을들로 크게 두려워하게 하셨으므로 야곱의 아들들을 추격하는 자가 없었더라

35:6 야곱과 그와 함께 한 모든 사람이 가나안 땅 루스 곧 벧엘에 이르고

35:7 그가 거기서 제단을 쌓고 그 곳을 엘벧엘이라 불렀으니 이는 그의 형의 낯을 피할 때에 하나님이 거기서 그에게 나타나셨음이더라

35:8 리브가의 유모 드보라가 죽으매 그를 벧엘 아래에 있는 상수리나무 밑에 장사하고 그 나무 이름을 알론바굿이라 불렀더라

35:9 야곱이 밧단아람에서 돌아오매 하나님이 다시 야곱에게 나타나사 그에게 복을 주시고

35:10 하나님이 그에게 이르시되 네 이름이 야곱이지마는 네 이름을 다시는 야곱이라 부르지 않겠고 이스라엘이 네 이름이 되리라 하시고 그가 그의 이름을 이스라엘이라 부르시고

35:11 하나님이 그에게 이르시되 나는 전능한 하나님이라 생육하며 번성하라 한 백성과 백성들의 총회가 네게서 나오고 왕들이 네 허리에서 나오리라
35:12 내가 아브라함과 이삭에게 준 땅을 네게 주고 내가 네 후손에게도 그 땅을 주리라 하시고
35:13 하나님이 그와 말씀하시던 곳에서 그를 떠나 올라가시는지라
35:14 야곱이 하나님이 자기와 말씀하시던 곳에 기둥 곧 돌 기둥을 세우고 그 위에 전제물을 붓고 또 그 위에 기름을 붓고
35:15 하나님이 자기와 말씀하시던 곳의 이름을 벧엘이라 불렀더라

∞ 저자 해설 및 묵상 ∞

오늘 묵상 본문인 창세기 35장에서 하나님은 야곱에게 벧엘에 올라가 제단을 쌓으라 하십니다. 어떤 의미의 제단을 쌓으라고 하시는 걸까요? 야곱이 쌓는 제단의 의미는 야곱의 이야기를 담고 있는 창세기 27-35장을 살펴야 알 수 있습니다. '거짓말 하는 사람'이라는 이름을 가진 야곱은 형 에서에게서 장자권을 사고, 아버지 이삭을 속여 장자의 축복을 받았습니다. 이에 화가 난 에서는 야곱을 죽이려 하고, 야곱은 가나안 여인이 아닌 사람을 아내로 얻기 위해 외삼촌 라반이 있는 하란으로 도망치듯 떠납니다. 하란으로 가는 길에 하나님은 야곱에게 나타나시어 아브라함과 이삭에게 주셨던 축복의 약속을 다시 주십니다. "나는 여호와니 너의 조부 아브라함의 하나님이요 이삭의 하나님이라 네가 누워 있는 땅을 내가 너와 네 자손에게 주리니 네 자손이 땅의 티끌 같이 되어 네가 서쪽과 동쪽과 북쪽과 남쪽으로 퍼져나갈지며 땅의 모든 족속이 너와 네 자손으로 말미암아 복을 받으리라" 그리고 야곱과 항상 함께 하시고 보호하시며 그 주신 약속을 반드시 이루어 다시 약속의 땅

가나안으로 돌아오게 하실 것이라고 말씀해 주십니다. "내가 너와 함께 있어 네가 어디로 가든지 너를 지키며 너를 이끌어 이 땅으로 돌아오게 할지라 내가 네게 허락한 것을 다 이루기까지 너를 떠나지 아니하리라"[창 28:15, (창 12:1-3, 26:24, 27:27-29, 28:3-4, 12-15, 35:9-12 참고)].

야곱은 그곳을 "하나님의 집"이라는 의미인 벧엘이라 이름 짓고 돌을 세우고 그 위에 기름을 붓습니다. 그리고 하나님께 서원합니다. "하나님이 나와 함께 계셔서 내가 가는 이 길에서 나를 지키시고 먹을 떡과 입을 옷을 주시어 내가 평안히 아버지 집으로 돌아가게 하시오면 여호와께서 나의 하나님이 되실 것이요 내가 기둥으로 세운 이 돌이 하나님의 집이 될 것이요 하나님께서 내게 주신 모든 것에서 십분의 일을 내가 반드시 하나님께 드리겠나이다(창 28:20-22)." 하나님은 하란에 이른 야곱과 항상 함께 하셨고, 지팡이만 들고 요단강을 건넌 그에게 많은 부를 얻게 하셨습니다. 또한, 네 씨로 바다의 모래같이 많게 하리라는 약속대로 레아와 라헬로부터 많은 아들들을 낳게 하십니다. 그리고 야곱이 하란에 이른 지 십여 년이 흐른 후 하나님은 야곱을 다시 가나안 땅으로 돌아오게 하겠다는 약속도 이루어 주십니다(창 31:13).

가나안으로 돌아가려는 야곱을 라반이 막아섭니다. 하나님은 약속을 지키기 위해 라반에게 친히 찾아가시어 야곱의 길을 막지 못하게 합니다(창 31:17-55). 또 다른 문제는 야곱을 죽이려 하던 에서입니다. 만일, 에서가 야곱과 그 아들들을 죽이면 야곱을 가나안 땅으로 돌아오게 하겠다는 약속은 깨어집니다. 또한, 야곱의 씨로 바다의 모래 같이 많게 하리라는 약속도 이루어지지 않습니다. 야곱은 약속에 신실하신 하나님께 기대어 기도합니다. 약속이 이루어지도록 에서의 손에서 자신과 가족들을 건져 달라 기도합니다(창 32:9-12). 약속에 성실하신 하나님은 에서로 야곱을 환대하게 하십니다(창 33:1-15). 하나님은 모든 약속을 지키셨습니다. 이제는 야곱이 하나님께 드린 서원을 지킬 차례입니다. 약속대로 고향 땅 가나안에 돌아온 야곱은 세겜에 찬양과 감사의 마음을 담아 제단을 쌓고 여호와는 이스라엘의 하나님(엘 엘로헤 이스라엘), 즉 나의 하나님이라고 이름 붙입니다(창 33:17-20).

그리고 오늘 본문에서 야곱은 그의 인생 끝자락에서 하나님의 말씀대로 벧엘에 올라 제단을 쌓습니다. 그의 평생에 축복의 약속을 주시고 그 약속을 신실하게 이루어 주신 여호와를 기념하는 감사와 찬양의 제단입니다. 감사의 제사를 드리고 돌아온 야곱에게 하나님은 다시 약속을 확언해 주십니다(창 35:9-12). "생육하며 번성하라 한 백성과 백성들의 총회가 네게서 나오고 왕들이 네 허리에서 나오리라 내가 아브라함과 이삭에게 준 땅을 네게 주고 내가 네 후손에게도 그 땅을 주리라" 이에 야곱은 돌 기둥을 세워 기름을 붓고 제물을 놓고 하나님의 약속을 기념하며 감사를 드립니다. 야곱에게 축복을 약속하시고 그것을 평생토록 이루어 주시는 하나님의 은혜가 참으로 놀랍습니다. 베푸신 놀라운 은혜로 말미암아 감사의 제단을 쌓게 하시는 하나님의 성실하심이 참으로 놀랍습니다. 하나님은 아브라함과 이삭에게 주신 축복의 약속을 야곱에게도 주시고, 야곱은 하나님께서 약속을 지키시면 그를 '나의 하나님'이라 부르겠다 서원합니다. 그리고 하나님은 모든 약속을 이루시고 야곱은 서약한대로 하나님께 감사의 제사를 드리며 여호와를 '이스라엘의 하나님', 즉 나의 하나님이라 고백합니다. 축복을 약속하시고 그것을 성실히 이루시며 당신은 나의 하나님이라는 인정과 찬양과 감사의 고백을 받으시는 하나님이 참으로 놀랍습니다.

야곱이 받은 동일한 축복과 은혜가 우리에게 있습니다. 여호와는 '나의 하나님이시다'라는 인정과 감사의 고백을 받기에 합당하신 분이십니다. 기억하십시오. 우리가 야곱에게 약속하신 바다의 모래와 같이 많은 자손입니다(롬 4). 또한, 야곱과 그의 자손에게 주리라 하신 약속의 땅 가나안이 상징하는 하늘 나라 땅을 얻었습니다. 야곱이 가나안을 떠나 그 땅에 다시 돌아갈 때까지 하나님이 그와 늘 함께 하셨듯이, 우리가 약속하신 하늘 나라 땅에 다시 돌아갈 때까지 하나님이 우리와 늘 함께 하시며 복 주시고 돌보아 주실 것입니다. 여호와를 '나의 하나님'이라 고백하며 감사와 찬송을 올려드리게 하실 것입니다. 이 은혜를 기억하며 오늘도 감사로 채우는 하루가 되길 바랍니다.

묵상과 적용을 위한 질문

1. 여러분의 인생과 야곱의 인생을 비교해 보십시오. 어떤 공통점과 차이점이 있나요?
2. 여러분의 인생 여정에서 야곱과 같이 여호와를 '나의 하나님'이라 고백하며 감사드린 일이 있나요? 언제였나요? 그 일에 대해 구체적으로 회고하여 기록해 보세요.

_____
_____
_____
_____

나만의 묵상 메모

오늘 묵상을 통해 주신 깨달음에 대해 직접 기록해 보세요.

_____
_____
_____
_____

저자와 함께 하는 한 줄 기도

축복의 약속을 주시고 그 약속을 친히 이루어 가시는 하나님을 친밀히 경험하는 인생이 되게 하소서.

 기도와 결단

오늘 묵상한 말씀의 적용과 삶의 결단을 담아 자신의 기도를 적어보세요.

_____

_____

_____

_____

야곱(이스라엘)의 희생제사
요셉을 미리 애굽에 보내어 이스라엘을 구원하고 축복하신 하나님께 드리는 감사

 오늘의 본문
창 45:1-28, 창 46:1-4

45:1 요셉이 시종하는 자 앞에서 그 정을 억제하지 못하여 소리 질러 모든 사람을 자기에게서 물러가라 하고 그 형제들에게 자기를 알리니 그 때에 그와 함께 한 다른 사람이 없었더라

45:2 요셉이 큰 소리로 우니 애굽 사람에게 들리며 바로의 궁중에 들리더라

45:3 요셉이 그 형들에게 이르되 나는 요셉이라 내 아버지께서 아직 살아 계시니이까 형들이 그 앞에서 놀라서 대답하지 못하더라

45:4 요셉이 형들에게 이르되 내게로 가까이 오소서 그들이 가까이 가니 이르되 나는 당신들의 아우 요셉이니 당신들이 애굽에 판 자라

45:5 당신들이 나를 이 곳에 팔았다고 해서 근심하지 마소서 한탄하지 마소서 하나님이 생명을 구원하시려고 나를 당신들보다 먼저 보내셨나이다

45:6 이 땅에 이 년 동안 흉년이 들었으나 아직 오 년은 밭갈이도 못하고 추수도 못할지라

45:7 하나님이 큰 구원으로 당신들의 생명을 보존하고 당신들의 후손을 세상에 두시려고 나를 당신들보다 먼저 보내셨나니

45:8 그런즉 나를 이리로 보낸 이는 당신들이 아니요 하나님이시라 하나님이 나를 바로에게 아버지로 삼으시고 그 온 집의 주로 삼으시며 애굽 온 땅의 통치자로 삼으셨나이다

45:9 당신들은 속히 아버지께로 올라가서 아뢰기를 아버지의 아들 요셉의 말에 하나님이 나를 애굽 전국의 주로 세우셨으니 지체 말고 내게로 내려오사

45:10 아버지의 아들들과 아버지의 손자들과 아버지의 양과 소와 모든 소유가 고센 땅에 머물며 나와 가깝게 하소서

45:11 흉년이 아직 다섯 해가 있으니 내가 거기서 아버지를 봉양하리이다 아버지와 아버지의 가족과 아버지께 속한 모든 사람에게 부족함이 없도록 하겠나이다 하더라고 전하소서

45:12 당신들의 눈과 내 아우 베냐민의 눈이 보는 바 당신들에게 이 말을 하는 것은 내 입이라

45:13 당신들은 내가 애굽에서 누리는 영화와 당신들이 본 모든 것을 다 내 아버지께 아뢰고 속히 모시고 내려오소서 하며

45:14 자기 아우 베냐민의 목을 안고 우니 베냐민도 요셉의 목을 안고 우니라

45:15 요셉이 또 형들과 입맞추며 안고 우니 형들이 그제서야 요셉과 말하니라

... (중간생략)

45:25 그들이 애굽에서 올라와 가나안 땅으로 들어가서 아버지 야곱에게 이르러

45:26 알리어 이르되 요셉이 지금까지 살아 있어 애굽 땅 총리가 되었더이다 야곱이 그들의 말을 믿지 못하여 어리둥절 하더니

45:27 그들이 또 요셉이 자기들에게 부탁한 모든 말로 그에게 말하매 그들의 아버지 야곱은 요셉이 자기를 태우려고 보낸 수레를 보고서야 기운이 소생한지라

45:28 이스라엘이 이르되 족하도다 내 아들 요셉이 지금까지 살아 있으니 내가 죽기 전에 가서 그를 보리라 하니라

46:1 이스라엘이 모든 소유를 이끌고 떠나 브엘세바에 이르러 그의 아버지 이삭의 하나님께 희생 제사를 드리니

46:2 그 밤에 하나님이 이상 중에 이스라엘에게 나타나 이르시되 야곱아 야곱아 하시는지라 야곱이 이르되 내가 여기 있나이다 하매

46:3 하나님이 이르시되 나는 하나님이라 네 아버지의 하나님이니 애굽으로 내려가기를 두려워하지 말라 내가 거기서 너로 큰 민족을 이루게 하리라

46:4 내가 너와 함께 애굽으로 내려가겠고 반드시 너를 인도하여 다시 올라올 것이며 요셉이 그의 손으로 네 눈을 감기리라 하였더라

∘• 저자 해설 및 묵상 •∘

온 세상에 7년간의 큰 기근이 임하였습니다(창 41:54-57). 이 기근은 가나안 땅 야곱에게도 예외 없이 임하였습니다. 심한 기근으로 인해 야곱과 그의 아들들과 그들의 어린 자녀들이 모두 죽을 위기에 처했습니다(창 43:1-2, 8). 7년 동안 이어진 심한 기근에 모든 애굽 사람은 바로에게 모든 돈, 가축, 땅을 주고 노예가 되었습니다(창 47:13-26). 이스라엘을 창대하게 하시고 후손들로 바다의 모래와 같이 많게 하시며 그들로 천한 만민이 복을 받으리라는 하나님의 축복의 약속이 깨어질 위기에 처했습니다. 이스라엘과 그 가족들에게 다시 한번 하나님의 구원의 손길이 필요합니다. 축복의 약속을 주시고 지금까지 신실하게 지켜주신 하나님의 구원과 간섭이 이번에도 절대적으로 필요합니다. 하나님이 이번에는 어떻게 축복의 약속을 지키시고 이루어 주실까요?

우선 야곱은 애굽에 곡식이 있다는 소식을 듣고 임시방편으로 요셉의 형들을 보내 곡식을 사 오게 합니다(창 42:1-5). 야곱은 요셉을 잃은 경험 때문에 베냐민은 보내지 않습니다(창 42:1-4, 36). 요셉은 야곱이 노년에 얻어 다른 아들보다 더 사랑한 아들이었습니다. 그래서 형들은 그를 미워했습니다. 게다가 요셉은 형들의 잘못을 야곱에게 일러바치기도 하고 형들이 자신에게 고개를 숙이고 절하는 꿈을 말하며 형들을 분노하게 합니다. 이 일로 야곱은 요셉을 꾸중했지만 형들은 그를 더욱 미워하였습니다. 열 명의 요셉의 형들은 그를 죽이려 했고, 결국엔 노예로 팔아버리는 죄를 짓습니다. 무엇보다 큰 죄는 네 후손으로 바다의 모래와 같이 많게 하겠다는 약속의 성취로 받은 아들 중 하나를 팔아버렸다는 것입니다. 즉, 그들은 하나님의 약속을 버린 것입니다. 아브라함, 이삭, 야곱이 그랬던 것처럼 야곱의 열 아들도 하나님의 약속을 버립니다.

큰 기근으로 인해 이스라엘과 그의 후손들은 죽을 위기에 처했고, 약속의 후손인 요셉은 노예로 팔려가는 등 하나님이 주신 약속이 위태로워 보입니다. 하지만, 하나님은 다 계획이 있습니다. 약속에 신실하신 하나님은 이전에 그리하셨던 것처럼 이번에도 신실하게 약속을 지키십니다. 하나님은 애굽에 팔려간 요셉과 항상 함께 하시며 그의 모든 일을 형통하게 하십니다(창 39:2-3, 21-23). 애굽에서 모함을 받아 감옥에 갇히는 등 여러 고난과 오랜 인내의 시간을 겪었지만, 하나님은 요셉이 애굽의 총리가 되게 하십니다(창 41:38-43). 그리고 요셉의 고백대로 하나님은 요셉을 먼저 애굽에 보내어 총리가 되게 하시고 기근으로 위험에 처한 야곱과 형들의 생명을 살리시고 그들의 후손을 세상에 두게 하십니다(창 45:5, 7-8). 하나님은 요셉의 형들이 지은 죄를 선으로 바꾸시어 요셉을 통해 이스라엘의 생명을 구하시며, 너를 복 주고 네 후손으로 큰 민족을 이루고 땅의 모든 족속이 너로 인해 복을 얻으리라는 언약을 이번에도 신실하게 지켜 내십니다.

요셉이 살아있다는 소식을 듣게 된 이스라엘은 그의 모든 소유를 이끌고 애굽으로 내려갑니다. 내려가는 길에 브엘세바에 이르러 그의 아버지 이삭의 하나님께 희생 제사를 드립니다. 죽은 줄로만 알았던 요셉을 만나고, 큰 기근의 위기에서 그와 그 후손을 구원하신 하나님께 드리는 것이기에 감사의 마음을 가득 담은 제사였을 것입니다. 또한, 약속의 아들 요셉을 버린 죄를 지었음에도 불구하고, 그 죄를 오히려 언약이 성취되는 길로 바꾸시어 약속을 이어 가시는 신실하신 하나님께 드리는 감사였을 것입니다. 하지만, 애굽으로 내려가는 이스라엘의 걸음이 가볍지만은 않았습니다. 그는 애굽에서 해를 당할까 두려워했습니다. 마음 깊은 곳까지 살피시는 하나님이 이스라엘의 마음을 살피시고 약속을 새롭게 주시며 믿음을 심어 주십니다. "나는 하나님이라 네 아버지의 하나님이니 애굽으로 내려가기를 두려워하지 말라 내가 거기서 너로 큰 민족을 이루게 하리라 내가 너와 함께 애굽으로 내려가겠고 반드시 너를 인도하여 다시 올라올 것이며 요셉이 그의 손으로 네 눈을 감기리라 하셨더라" 하나님은 약속하신 대로 이스라엘과 함께 하시고, 애굽 사람의 칼이 아니라 요셉의 품 안에서 평안히 죽게 하시며, 가나안 땅에 돌아와 묻히게 하십니다(창 49:33; 50:13). 이스라엘과 함께 애굽으로 내려간 70명의 후손들도 400년 후에 200만 명이 넘는 큰 민족이 되어 다시 가나안 땅으로 돌아오게 하십니다.

하나님은 이번에도 대대로 이스라엘에게 약속을 주시고 변함없이 신실하게 지키십니다. 축복의 약속을 주시고 그것을 신실하게 지켜주시는 우리 하나님의 모습이 우리를 일으켜 세우는 힘이 되길 바랍니다. 하나님은 우리를 포함한 천하 만민이 복을 얻고 약속하신 하늘나라 땅을 얻길 원하십니다. 하나님은 수천 년간 약속을 기억하시고 성실히 지키시어 예수님을 통해 그 약속을 이루십니다. 축복을 약속하시고 그 약속을 수천 년간 신실하게 지키시는 여호와 하나님은 믿을 수 있는 분입니다.

묵상과 적용을 위한 질문

1. 여러분이 지금 집중적으로 열정을 내어 하고 있는 그 일의 목적은 무엇인가요? 당신은 하나님의 언약이 이루어지고 천하 만민이 복을 얻어 영생을 얻는 것을 목적으로 일하고 있나요?

2. 여러분의 인생 여정에서 요셉이 경험한 것처럼 버림받음, 오해받음, 오랜 기다림 같은 고난이 있었나요? 하나님께서 어렵고 힘든 상황을 역전시켜 자신의 약속을 신실하게 이루어가심을 경험한 적이 있나요? 그에 대해 기록해 보세요.

_____

_____

_____

_____

나만의 묵상 메모

오늘 묵상을 통해 주신 깨달음에 대해 직접 기록해 보세요.

_____

_____

_____

저자와 함께 하는 한 줄 기도

생명을 구원하시고 축복의 약속을 주시며 이를 이루시는 주님의 일에 동참케 하소서.

 기도와 결단

오늘 묵상한 말씀의 적용과 삶의 결단을 담아 자신의 기도를 적어보세요.

_____

_____

_____

_____

이스라엘의 번제와 십계명

감사로 시작해 감사로 마치는 400년 애굽 생활과
십계명을 지키는 삶으로 드리는 감사

 오늘의 본문
출 20:1-26

20:1 하나님이 이 모든 말씀으로 말씀하여 이르시되
20:2 나는 너를 애굽 땅, 종 되었던 집에서 인도하여 낸 네 하나님 여호와 니라
20:3 너는 나 외에는 다른 신들을 네게 두지 말라
20:4 너를 위하여 새긴 우상을 만들지 말고 또 위로 하늘에 있는 것이나 아래로 땅에 있는 것이나 땅 아래 물 속에 있는 것의 어떤 형상도 만들지 말며
20:5 그것들에게 절하지 말며 그것들을 섬기지 말라 나 네 하나님 여호와는 질투하는 하나님인즉 나를 미워하는 자의 죄를 갚되 아버지로부터 아들에게로 삼사 대까지 이르게 하거니와
20:6 나를 사랑하고 내 계명을 지키는 자에게는 천 대까지 은혜를 베푸느니라
20:7 너는 네 하나님 여호와의 이름을 망령되게 부르지 말라 여호와는 그의 이름을 망령되게 부르는 자를 죄 없다 하지 아니하리라
20:8 안식일을 기억하여 거룩하게 지키라
20:9 엿새 동안은 힘써 네 모든 일을 행할 것이나
20:10 일곱째 날은 네 하나님 여호와의 안식일인즉 너나 네 아들이나 네 딸이나 네 남종이나 네 여종이나 네 가축이나 네 문안에 머무는 객이라도 아무 일도 하지 말라
20:11 이는 엿새 동안에 나 여호와가 하늘과 땅과 바다와 그 가운데 모든 것을 만들고 일곱째 날에 쉬었음이라 그러므로 나 여호와가 안식일을 복되게 하여 그 날을 거룩하게 하였느니라
20:12 네 부모를 공경하라 그리하면 네 하나님 여호와가 네게 준 땅에서 네 생명이 길리라

20:13 살인하지 말라

20:14 간음하지 말라

20:15 도둑질하지 말라

20:16 네 이웃에 대하여 거짓 증거하지 말라

20:17 네 이웃의 집을 탐내지 말라 네 이웃의 아내나 그의 남종이나 그의 여종이나 그의 소나 그의 나귀나 무릇 네 이웃의 소유를 탐내지 말라

20:18 뭇 백성이 우레와 번개와 나팔 소리와 산의 연기를 본지라 그들이 볼 때에 떨며 멀리 서서

20:19 모세에게 이르되 당신이 우리에게 말씀하소서 우리가 들으리이다 하나님이 우리에게 말씀하시지 말게 하소서 우리가 죽을까 하나이다

20:20 모세가 백성에게 이르되 두려워하지 말라 하나님이 임하심은 너희를 시험하고 너희로 경외하여 범죄하지 않게 하려 하심이니라

20:21 백성은 멀리 서 있고 모세는 하나님이 계신 흑암으로 가까이 가니라

20:22 여호와께서 모세에게 이르시되 너는 이스라엘 자손에게 이같이 이르라 내가 하늘로부터 너희에게 말하는 것을 너희 스스로 보았으니

20:23 너희는 나를 비겨서 은으로나 금으로나 너희를 위하여 신상을 만들지 말고

20:24 내게 토단을 쌓고 그 위에 네 양과 소로 네 번제와 화목제를 드리라 내가 내 이름을 기념하게 하는 모든 곳에서 네게 임하여 복을 주리라

20:25 네가 내게 돌로 제단을 쌓거든 다듬은 돌로 쌓지 말라 네가 정으로 그것을 쪼면 부정하게 함이니라

20:26 너는 층계로 내 제단에 오르지 말라 네 하체가 그 위에서 드러날까 함이니라

•○ 저자 해설 및 묵상 ○•

언약에 신실하신 하나님은 전 세계에 임한 큰 기근의 위협 앞에 야곱을 애굽으로 내려보내 구원하십니다. 요셉을 먼저 보내 애굽 총리로 세우고 이스라엘과 그 후손을 비롯한 많은 백성의 생명을 구하셨습니다 (창 50:20). 이스라엘은 애굽으로 내려가며 감사의 마음을 담은 제사를 드

립니다(창 46:1). 애굽에 내려간 이스라엘은 하나님의 언약대로 400년간을 지내며 큰 민족이 됩니다. 애굽 왕 바로는 400년 동안 큰 민족을 이룬 이스라엘을 두려워합니다. 그들에게 무거운 짐을 지워 괴롭게 하고 죽이려 합니다. 이 고통과 생명의 위기 앞에 하나님은 아브라함과 이삭과 야곱에게 세운 언약을 기억하시고 이스라엘의 자손을 다시 돌보십니다(출 2:24-25). 하나님은 모세를 부르시고 열 가지 재앙의 이적과 유월절의 구원을 통하여 이스라엘 자손을 애굽에서 구원하십니다. 이스라엘과 세우신 언약을 기억하고 이스라엘의 후손을 약속의 땅인 가나안으로 다시 돌아가게 하십니다. 그리고 오늘 묵상 본문이 기록하듯 이스라엘의 자손들은 출애굽하여 가나안으로 올라가는 길에 하나님께 번제와 화목제를 드립니다(출 20:24).

이스라엘의 자손들은 출애굽의 이적을 베풀어 생명을 구원하신 하나님께 감사의 마음을 가득 담아 번제와 화목제를 드렸을 것입니다. 또한, 400년 전 애굽에 내려가던 이스라엘에게 "내가 너와 함께 애굽으로 내려가겠고, 네 후손으로 큰 민족을 이루고, 너를 인도하여 다시 올라오게 하겠다"고 하신 약속을 지켜주신 하나님께 감사의 마음으로 드리는 제사였을 것입니다. 하나님은 "내가 내 이름을 기념하게 하는 모든 곳에서 네게 임하여 복을 주리라"라고 말씀하시며, 이후에도 지속적으로 하나님이 주신 약속과 그 약속을 성취해 주신 하나님의 이름을 기념하고 감사하게 하십니다. 하나님은 그의 이름을 기념 혹은 예배하며 감사하는 모든 곳에 임재하시고 복을 주실 것입니다. 이 명령은 오늘도 유효합니다. 우리가 아브라함과 이삭과 야곱에게 주신 약속으로 말미암아 하나님의 자녀가 된 사람들이기 때문입니다. 하나님의 모든 약속의 성취는 우리가 기념하며 감사해야 하는 것입니다. 하나님의 이름을 예배할 때 임하여 복을 주십니다.

흥미로운 사실은 400년 전 이스라엘이 가나안에서 애굽에 내려올 때 감사를 담아 희생 제단을 쌓았고, 400년 후 이스라엘의 후손들이 애굽에서 가나안으로 다시 올라갈 때 감사를 담아 제단을 쌓아 드린다는 것입니다. 400년 전 이스라엘은 기근의 위협에서 구원하신 하나님의 은혜에 감사하며 애굽 생활을 시작했습니다. 그리고 400년 후 이스라엘은 약속대로 큰 민족을 이루고 노예 생활의 고통과 생명의 위협에서 구원하여 약속의 땅 가나안에 돌아가게 하시는 하나님의 은혜에 감사하며 애굽 생활을 마칩니다. 두 번의 감사 제사가 이스라엘의 400년 애굽 생활을 감싸고 있습니다. 이는 이스라엘이 애굽에서 보낸 400년은 하나님이 함께 하고, 돌보고, 번창하게 하고, 약속의 땅에 돌아가게 하는 축복의 시간이었음을 증거합니다. 이 땅의 신자의 생활이 이스라엘의 애굽 생활과 비슷합니다. 신자의 인생은 하나님을 처음 만나 구원을 얻은 것에 대한 감사로 시작합니다. 그리고 이 땅을 떠나 약속의 땅(하늘나라)에 들어가는 감사로 마칩니다. 감사가 우리의 인생을 감싸고 있습니다. 하나님이 400년 동안 애굽에 있던 이스라엘과 함께 하셨듯이, 우리가 이 땅에서 나그네로 사는 날 동안 항상 함께 하실 것입니다. 그리고, 약속하신 하늘나라 땅에 올라가 영원히 살게 하실 것입니다. 그러니, 항상 감사합니다.

이스라엘이 애굽에 내려올 때 감사의 마음으로 드렸던 제사와 그의 후손들이 애굽에서 가나안 땅으로 올라갈 때 드린 감사를 담은 제사는 한 가지 다른 점이 있습니다. 바로 십계명의 유무입니다. 하나님은 가나안 땅에 올라가는 이스라엘의 자손들에게 십계명을 주시고 우레와 번개와 나팔 소리와 산의 연기 가운데 임하시어 이스라엘로 그를 경외하며 범죄하지 않고 계명을 지키라 하십니다. 그리고 번제와 화목제를 명하십니다. 하나님은 감사의 마음을 담은 제사를 통해 하나님의 이름을 기념하는 것만이 아니라, 약속의 땅 가나안에서 범죄하지 않고 십계명을 지키며 살아가는 삶으로 드리는 감사도 원하시는 것입니다(출 24: 3-7; 신 33:10).

우리에게도 마찬가지입니다. 하나님은 예배와 제물을 통해 하나님의 이름을 기억하고 감사를 드리는 것만이 아니라, 하나님의 말씀에 순종하는 삶으로 드리는 감사를 원하십니다. 이런 의미에서 감사절에 우리는 하나님의 십계명 말씀을 기억해야 합니다. 하나님이 친히 임하시어 이스라엘로 그를 경외하게 하시고 계명을 지키게 하시는 장면을 기억해야 합니다(출 20:20). 구원을 얻은 감사와 하늘나라에 들려 올라가는 감사로 둘러싸인 이 땅에서의 나그네 인생을 하나님의 말씀을 청종하고 마음과 삶으로 순종하는 모습으로 드리는 감사로 가득 채워야 합니다. 감사로 둘러싸인 우리 인생을 하나님 말씀에 순종하는 감사로 채우십시오.

묵상과 적용을 위한 질문

1. 여러분은 여러분이 감사로 시작해 감사로 마치는 인생을 살고 있다는 것을 알고 있나요? 하나님이 허락하신 구원에 감사하고, 인생을 마치는 날 약속의 땅에 들어가게 하실 것에 대해 감사하고 있나요?

2. 여러분은 이 땅에 사는 날 동안 하나님의 계명(말씀)에 순종하는 삶으로 하나님께 감사를 드리고 있나요?

___

나만의 묵상 메모

오늘 묵상을 통해 주신 깨달음에 대해 직접 기록해 보세요.

저자와 함께 하는 한 줄 기도

하나님의 말씀에 순종하는 삶을 통해 감사의 제사를 주께 올려드리는 제 인생이 되게 하소서.

 기도와 결단

오늘 묵상한 말씀의 적용과 삶의 결단을 담아 자신의 기도를 적어보세요.

_____

_____

_____

_____

여호수아의 큰 돌

하나님께 받은 은혜를 기억하며
섬김으로 드리는 감사

 오늘의 본문
수 24:1-28

24:1 여호수아가 이스라엘 모든 지파를 세겜에 모으고 이스라엘 장로들과 그들의 수령들과 재판장들과 관리들을 부르매 그들이 하나님 앞에 나와 선지라

24:2 여호수아가 모든 백성에게 이르되 이스라엘의 하나님 여호와께서 이같이 말씀하시기를 옛적에 너희의 조상들 곧 아브라함의 아버지, 나홀의 아버지 데라가 강 저쪽에 거주하여 다른 신들을 섬겼으나

24:3 내가 너희의 조상 아브라함을 강 저쪽에서 이끌어 내어 가나안 온 땅에 두루 행하게 하고 그의 씨를 번성하게 하려고 그에게 이삭을 주었으며

24:4 이삭에게는 야곱과 에서를 주었고 에서에게는 세일 산을 소유로 주었으나 야곱과 그의 자손들은 애굽으로 내려갔으므로

24:5 내가 모세와 아론을 보내었고 또 애굽에 재앙을 내렸나니 곧 내가 그들 가운데 행한 것과 같고 그 후에 너희를 인도하여 내었노라

24:6 내가 너희의 조상들을 애굽에서 인도하여 내어 바다에 이르게 한즉 애굽 사람들이 병거와 마병을 거느리고 너희의 조상들을 홍해까지 쫓아오므로

24:7 너희의 조상들이 나 여호와께 부르짖기로 내가 너희와 애굽 사람들 사이에 흑암을 두고 바다를 이끌어 그들을 덮었나니 내가 애굽에서 행한 일을 너희의 눈이 보았으며 또 너희가 많은 날을 광야에서 거주하였느니라

24:8 내가 또 너희를 인도하여 요단 저쪽에 거주하는 아모리 족속의 땅으로 들어가게 하매 그들이 너희와 싸우기로 내가 그들을 너희 손에 넘겨 주매 너희가 그 땅을 점령하였고 나는 그들을 너희 앞에서 멸절시켰으며

24:9 또한 모압 왕 십볼의 아들 발락이 일어나 이스라엘과 싸우더니 사람을 보내어 브올의 아들 발람을 불러다가 너희를 저주하게 하려 하였으나

24:10 내가 발람을 위해 듣기를 원하지 아니하였으므로 그가 오히려 너희를 축복하였고 나는 너희를 그의 손에서 건져내었으며

24:11 너희가 요단을 건너 여리고에 이른즉 여리고 주민들 곧 아모리 족속과 브리스 족속과 가나안 족속과 헷 족속과 기르가스 족속과 히위 족속과 여부스 족속이 너희와 싸우기로 내가 그들을 너희의 손에 넘겨주었으며

24:12 내가 왕벌을 너희 앞에 보내어 그 아모리 족속의 두 왕을 너희 앞에서 쫓아내게 하였나니 너희의 칼이나 너희의 활로써 이같이 한 것이 아니며

24:13 내가 또 너희가 수고하지 아니한 땅과 너희가 건설하지 아니한 성읍들을 너희에게 주었더니 너희가 그 가운데에 거주하며 너희는 또 너희가 심지 아니한 포도원과 감람원의 열매를 먹는다 하셨느니라

24:14 그러므로 이제는 여호와를 경외하며 온전함과 진실함으로 그를 섬기라 너희의 조상들이 강 저쪽과 애굽에서 섬기던 신들을 치워 버리고 여호와만 섬기라

24:15 만일 여호와를 섬기는 것이 너희에게 좋지 않게 보이거든 너희 조상들이 강 저쪽에서 섬기던 신들이든지 또는 너희가 거주하는 땅에 있는 아모리 족속의 신들이든지 너희가 섬길 자를 오늘 택하라 오직 나와 내 집은 여호와를 섬기겠노라 하니

24:16 백성이 대답하여 이르되 우리가 결단코 여호와를 버리고 다른 신들을 섬기기를 하지 아니하오리니

24:17 이는 우리 하나님 여호와께서 친히 우리와 우리 조상들을 인도하여 애굽 땅 종 되었던 집에서 올라오게 하시고 우리 목전에서 그 큰 이적들을 행하시고 우리가 행한 모든 길과 우리가 지나온 모든 백성들 중에서 우리를 보호하셨음이며

24:18 여호와께서 또 모든 백성들과 이 땅에 거주하던 아모리 족속을 우리 앞에서 쫓아내셨음이라 그러므로 우리도 여호와를 섬기리니 그는 우리 하나님이심이니이다 하니라

24:19 여호수아가 백성에게 이르되 너희가 여호와를 능히 섬기지 못할 것은 그는 거룩하신 하나님이시요 질투하시는 하나님이시니 너희의 잘

24:20 만일 너희가 여호와를 버리고 이방 신들을 섬기면 너희에게 복을 내리신 후에라도 돌이켜 너희에게 재앙을 내리시고 너희를 멸하시리라 하니
24:21 백성이 여호수아에게 말하되 아니니이다 우리가 여호와를 섬기겠나이다 하는지라
24:22 여호수아가 백성에게 이르되 너희가 여호와를 택하고 그를 섬기리라 하였으니 스스로 증인이 되었느니라 하니 그들이 이르되 우리가 증인이 되었나이다 하더라
24:23 여호수아가 이르되 그러면 이제 너희 중에 있는 이방 신들을 치워 버리고 너희의 마음을 이스라엘의 하나님 여호와께로 향하라 하니
24:24 백성이 여호수아에게 말하되 우리 하나님 여호와를 우리가 섬기고 그의 목소리를 우리가 청종하리이다 하는지라
24:25 그 날에 여호수아가 세겜에서 백성과 더불어 언약을 맺고 그들을 위하여 율례와 법도를 제정하였더라
24:26 여호수아가 이 모든 말씀을 하나님의 율법책에 기록하고 큰 돌을 가져다가 거기 여호와의 성소 곁에 있는 상수리나무 아래에 세우고
24:27 모든 백성에게 이르되 보라 이 돌이 우리에게 증거가 되리니 이는 여호와께서 우리에게 하신 모든 말씀을 이 돌이 들었음이니라 그런즉 너희가 너희의 하나님을 부인하지 못하도록 이 돌이 증거가 되리라 하고
24:28 백성을 보내어 각기 기업으로 돌아가게 하였더라

∘• 저자 해설 및 묵상 •∘

모세가 죽고 여호수아가 이끄는 이스라엘은 요단강을 건너 가나안 땅을 차지합니다. 하나님은 이스라엘의 조상들에게 맹세한 모든 선한 말씀을 하나도 빠짐없이 이루시고 이스라엘은 약속의 땅에서 안식의 시간을 보냅니다(수 21:43-45). 그리고 얼마간의 시간이 흐른 후 하나님은 인생의 말미에 이른 여호수아를 불러 모든 이스라엘을 세겜에 모으십

니다(수 24:1). 하나님은 그가 아브라함과 이삭과 야곱에게 축복의 약속을 주신 때부터 오늘 그 후손들이 약속의 땅 가나안에 터를 잡고 안식하며 살게 하신 날까지 이루어 주신 약속과 베풀어주신 은혜를 꼼꼼히 들려주며 기억하게 하십니다. 하나님은 이스라엘과 항상 함께 하셨고, 그들을 부하게 하시며, 적의 위협에서 보호하시고, 바다의 모래와 같이 많은 후손을 주시어 큰 민족을 이루시며, 애굽에서 구원하여 약속의 땅 가나안에 안식하게 하셨습니다(수 24:2-13). 여호수아의 입을 통해 지난 긴 시간 하나님이 베풀어주신 놀라운 축복의 일들이 하나하나 들려지니 세겜에 모인 이스라엘 백성들의 가슴은 성실하신 하나님의 은혜에 대한 감격과 감사가 가득 차 올랐을 것입니다.

하나님이 이스라엘의 모든 백성을 세겜에 불러 모아 베푸신 약속과 성취의 역사를 기념하게 하신 것에는 이유가 있습니다. 세겜은 이스라엘(야곱)이 하나님께 약속을 받고 그 모든 약속을 신실하게 이루어 주신 하나님께 감사의 마음으로 제단을 쌓은 곳이기 때문입니다. 야곱은 약속대로 가나안 땅을 떠나 하란에서 많은 후손과 부를 얻고 다시 요단강을 건너 가나안 땅으로 돌아왔습니다. 그리고 수백 년 후 이스라엘의 후손은 약속대로 애굽에 내려가 400년을 지내며 크고 부한 민족이 되어 다시 요단강을 건너 가나안 땅으로 돌아와 땅을 차지하고 안식합니다. 그리고 이제 이스라엘의 후손들이 세겜에 모여 언약에 성실하신 하나님의 지난 역사를 추억하며 감사를 드립니다. 야곱이 세겜에서 드렸던 감사가 수백 년 후 같은 장소에서 그의 후손들에 의해 반복됩니다. 세겜은 이스라엘을 대대로 축복하시고 언약을 성취하시는 하나님께 감사하는 장소입니다. 우리도 세겜을 생각하며 하나님께 감사를 드려야 합니다.

여호수아는 계속해서 하나님의 말씀을 전합니다. "그러므로 이제는 여호와를 경외하며 온전함과 진실함으로 그를 섬기라 너희의 조상들이 강 저쪽과 애굽에서 섬기던 신들을 치워 버리고 여호와만 섬기라(수 24:14)" 여호수아를 통해 이스라엘에게 주신 약속과 그 성취의 역사를 들려주신 하나님은 '그러므로 오직 나만 섬기라'고 말씀하십니다. 받은 은혜를 추억하고 감사함으로 오직 나의 목소리를 귀 기울여 듣고 순종하라 명령합니다. 여호수아는 "오직 나와 내 집은 여호와를 섬기겠노라"고 고백합니다. 이스라엘도 그를 따라 여호와를 섬기고 그의 말씀을 청종하겠노라고 다짐합니다. 이에 여호수아는 큰 돌을 성소 곁 상수리나무 아래에 세워 그 고백의 증거로 삼습니다(수 8:30-35, 24:26-27). 그렇습니다. 감사는 하나님이 베푸신 은혜를 기념하고 고백하는 것에 그치지 않습니다. 감사는 하나님의 은혜에 감격하여 마음을 여호와께 향하고 그를 섬기며 그의 말씀에 순종하는 것까지 포함합니다. 이 증거의 큰 돌을 잊지 마시길 바랍니다.

세겜에서 이루어진 야곱과 이스라엘의 후손의 감사는 우리의 감사입니다. 하나님은 마지막 때에 아브라함과 이삭과 야곱의 후손으로 예수 그리스도를 보내시어 세상 모든 민족이 복을 얻게 하십니다(창 12:1-3; 마 1:1). 예수 그리스도를 통해 세상 모든 민족이 구원을 얻어 약속의 후손들을 바다의 모래와 하늘의 별과 같이 많게 하십니다. 우리가 이 하나님의 약속과 성취의 긴 역사의 열매이자 증인입니다. 그러므로 지난 수천 년간의 베푸신 하나님의 은혜를 기억하며 감사해야 합니다. 또한, 하나님은 이스라엘과 그 후손에게 하셨듯이 우리가 사는 날 동안 항상 함께 하시며, 일용할 양식을 주시고, 후손을 얻게 하시고, 보호하십니다. 지금까지 우리의 삶을 꼼꼼히 되돌아보면 하나님이 베풀어 주신 은혜에 감사의 고백이 절로 나옵니다. 그러므로 우리 마음을 이스라엘의 하나님 여호와께만 향해야 합니다(수 24:23). 이스라엘과 같이 "우리 하나님 여호와를 우리가 섬기고 그의 목소리를 우리가 청종하리이다(수 24:24)"라고 언약을 드려야 합니다. 그리고 여호수아가 그 언약의 증거로 세운 큰 돌을 우리 마음에도 세워야 합니다. 마음에 세운 그 증거의 큰 돌을 날마다 보며 하나님이 주신 복을 기억하고 하나님의 말씀에 순종하는 삶으로 드리는 감사를 날마다 새롭게 해야 합니다. 이번 감사절에는 여호수아가 약속의 땅 세겜에 세운 큰 약속의 돌을 마음에 세워 보시길 바랍니다. 그 큰 돌을 기억하며 마음을 감사로 채우고 하나님의 말씀에 순종하는 감사의 삶을 다짐하길 바랍니다.

묵상과 적용을 위한 질문

1. 이스라엘(야곱)과 그의 후손들이 하나님의 축복을 기념하고 감사한 세겜과 같은 장소가 여러분에게 있나요? 만일 있다면, 그곳은 어디입니까? 그리고 거기서 무엇에 대해 기념하고 감사했나요?

2. 여호수아가 세운 감사와 섬김의 언약을 증거하는 큰 돌을 여러분 마음에 세울 수 있나요? 당신은 하나님께 받은 축복에 대한 감사로 오늘 그분을 어떻게 섬기길 원하나요?

_____
_____
_____
_____

나만의 묵상 메모

오늘 묵상을 통해 주신 깨달음에 대해 직접 기록해 보세요.

_____
_____
_____

저자와 함께 하는 한 줄 기도

허락하신 약속을 빠짐없이 이루시는 하나님을 감사함으로 섬기는 삶을 살게 하소서.

 기도와 결단

오늘 묵상한 말씀의 적용과 삶의 결단을 담아 자신의 기도를 적어보세요.

_____

_____

_____

_____

사무엘의 에벤에셀 돌과
다윗의 번제와 화목제
하나님의 임재와 말씀이 돌아옴에 드리는 감사

 오늘의 본문 1
삼상 7:3-12

7:3 사무엘이 이스라엘 온 족속에게 말하여 이르되 만일 너희가 전심으로 여호와께 돌아오려거든 이방 신들과 아스다롯을 너희 중에서 제거하고 너희 마음을 여호와께로 향하여 그만 섬기라 그리하면 너희를 블레셋 사람의 손에서 건져내시리라

7:4 이에 이스라엘 자손이 바알들과 아스다롯을 제거하고 여호와만 섬기니라

7:5 사무엘이 이르되 온 이스라엘은 미스바로 모이라 내가 너희를 위하여 여호와께 기도하리라 하매

7:6 그들이 미스바에 모여 물을 길어 여호와 앞에 붓고 그 날 종일 금식하고 거기에서 이르되 우리가 여호와께 범죄하였나이다 하니라 사무엘이 미스바에서 이스라엘 자손을 다스리니라

7:7 이스라엘 자손이 미스바에 모였다 함을 블레셋 사람들이 듣고 그들의 방백들이 이스라엘을 치러 올라온지라 이스라엘 자손들이 듣고 블레셋 사람들을 두려워하여

7:8 이스라엘 자손이 사무엘에게 이르되 당신은 우리를 위하여 우리 하나님 여호와께 쉬지 말고 부르짖어 우리를 블레셋 사람들의 손에서 구원하시게 하소서 하니

7:9 사무엘이 젖 먹는 어린 양 하나를 가져다가 온전한 번제를 여호와께 드리고 이스라엘을 위하여 여호와께 부르짖으매 여호와께서 응답하셨더라

7:10 사무엘이 번제를 드릴 때에 블레셋 사람이 이스라엘과 싸우려고 가까이 오매 그 날에 여호와께서 블레셋 사람에게 큰 우레를 발하여 그들을 어지럽게 하시니 그들이 이스라엘 앞에 패한지라

7:11   이스라엘 사람들이 미스바에서 나가서 블레셋 사람들을 추격하여 벧갈 아래에 이르기까지 쳤더라

7:12   사무엘이 돌을 취하여 미스바와 센 사이에 세워 이르되 여호와께서 여기까지 우리를 도우셨다 하고 그 이름을 에벤에셀이라 하니라

오늘의 본문 2
삼하 6:12-19

6:12   어떤 사람이 다윗 왕에게 아뢰어 이르되 여호와께서 하나님의 궤로 말미암아 오벧에돔의 집과 그의 모든 소유에 복을 주셨다 한지라 다윗이 가서 하나님의 궤를 기쁨으로 메고 오벧에돔의 집에서 다윗 성으로 올라갈새

6:13   여호와의 궤를 멘 사람들이 여섯 걸음을 가매 다윗이 소와 살진 송아지로 제사를 드리고

6:14   다윗이 여호와 앞에서 힘을 다하여 춤을 추는데 그 때에 다윗이 베 에봇을 입었더라

6:15   다윗과 온 이스라엘 족속이 즐거이 환호하며 나팔을 불고 여호와의 궤를 메어오니라

6:16   여호와의 궤가 다윗 성으로 들어올 때에 사울의 딸 미갈이 창으로 내다보다가 다윗 왕이 여호와 앞에서 뛰놀며 춤추는 것을 보고 심중에 그를 업신여기니라

6:17   여호와의 궤를 메고 들어가서 다윗이 그것을 위하여 친 장막 가운데 그 준비한 자리에 그것을 두매 다윗이 번제와 화목제를 여호와 앞에 드리니라

6:18   다윗이 번제와 화목제 드리기를 마치고 만군의 여호와의 이름으로 백성에게 축복하고

6:19   모든 백성 곧 온 이스라엘 무리에게 남녀를 막론하고 떡 한 개와 고기 한 조각과 건포도 떡 한 덩이씩 나누어 주매 모든 백성이 각기 집으로 돌아가니라

∘• 저자 해설 및 묵상 •∘

하나님과 감사의 언약을 맺고 큰 돌을 증거로 세운 이스라엘은 여호수아가 죽자마자 하나님을 떠납니다. 여호와가 이스라엘에 행하신 일을 모르는 세대가 일어나 이방 신을 섬깁니다(사 2:1-15). 사사 시대가 시작되고 끝날 때까지 이스라엘의 후손들은 조상들이 맺은 언약을 지키지 않고 오히려 더욱 타락합니다. 그럼에도 불구하고 하나님은 반복해서 사사를 보내 이스라엘을 돌이키십니다(사 2:16-19). 사사 시대가 끝나갈 무렵 사무엘이 선지자로 있었을 때, 하나님을 떠난 이스라엘은 심판받아 블레셋에 하나님의 궤를 빼앗기기까지 합니다. 하나님의 영광이 이스라엘에서 떠납니다(삼상 4:17-22). 이스라엘 자손은 하나님을 떠나고 이방 신을 섬기며 패역한 길로 갔으나 하나님은 다시 구원하십니다. 하나님은 여호와의 궤를 가져간 블레셋과 그들의 신을 쳐서 블레셋이 스스로 그 궤를 이스라엘에 돌려주도록 역사하십니다(삼상 5-6). 하나님이 그들의 조상에게 약속하신 축복을 여전히 기억하시기 때문입니다. 이스라엘이 한 것은 아무것도 없습니다. 오직 하나님의 언약, 자비, 오래 참으심의 은혜가 그들을 구원합니다.

이 일 후에 사무엘은 오늘 묵상 본문에서처럼 이스라엘을 미스바에 모이게 합니다. 그는 이스라엘의 모든 이방 신을 제하고 그들의 마음을 여호와께로 돌이켜 향하게 합니다(삼상 7:3-6). 하나님이 이스라엘 전체에 큰 돌이킴(회개)의 역사를 주셨습니다. 마침, 블레셋은 이스라엘이 미스바에 모였다는 소식을 듣고 그들을 치러 올라옵니다. 하나님은 사무엘의 기도를 들으시고 큰 우레를 발하여 블레셋을 어지럽히고 물리치십니다. 이스라엘이 마음을 돌이켜 오직 여호와께 향하니 하나님이 큰 이적을 행하여 그들을 보호하십니다. 이스라엘 자손이 하나님을 떠나 이방 신을 섬기는 일이 반복되면 반복될수록 역설적으로 이스라엘 자손을 돌이키고 약속하신 축복을 이루는 하나님의 은혜와 성실하심은 더욱 크게 드러납니다. 사무엘은 패역한 이스라엘을 돌이키고 죽음의 위기에서 구원한 하나님의 은혜에 감사를 담아 돌 하나를 세웁니다(삼상 7:12). 사무엘은 이 돌을 하나님의 도우심이라는 의미의 에벤에셀이라 이름 짓습니다. 에벤에셀 돌은 하나님께 돌이킨 이스라엘 자손들을 죽음의 위기에서 건지신 하나님께 감사의 마음으로 세운 돌입니다. 하나님은 언제나 죄와 우상에서 그에게 돌이킨 사람들을 돕고 죽음의 위기에서 구하십니다. 기억하십시오. 에벤에셀 돌이 그 증거입니다.

그러나 이스라엘 자손들은 여전히 범죄합니다. 그들은 사무엘을 통해 그들을 다스릴 왕을 요구합니다. 하나님은 저들이 왕을 요구하는 이유는 자기를 버려 그들의 왕이 되지 못하게 하기 위함이라고 직접 밝히십니다. 출애굽 때부터 지금까지 반복해서 하나님을 버리고 다른 신들을 섬긴 이스라엘의 죄악은 하나님이 아닌 다른 왕을 요구하는 이 장면에서 그 끝을 보여줍니다(삼상 8:7-8). 하나님은 이스라엘을 보호해 줄 수 있을 법하게 보이는 키 큰 사울을 왕으로 세웁니다(삼상 9:2, 10:23). 하지만, 이스라엘의 첫 왕인 사울은 하나님의 말씀을 청종하지 아니하며 결국 비극적 죽음을 맞습니다(삼상 31:4-5). 왕을 요구한 이스라엘의 큰 죄악과 첫 왕인 사울의 불순종에도 불구하고 언약에 성실하신 하나님은 다윗을 왕으로 세우십니다. 그리고 이스라엘 역사상 가장 크고 부강한 나라를 세우십니다. 이스라엘은 하나님이 아닌 다른 왕을 세워 달라는 큰 죄를 범했으나, 하나님은 그 죄를 선으로 바꾸시어 다윗 왕을 통해 이스라엘 역사상 가장 번성한 나라를 주십니다. 가장 큰 패역을 가장 큰 축복으로 바꾸십니다.

하나님은 다윗 왕을 통해 이스라엘을 하나님의 법과 말씀을 청종하는 나라로 돌이키십니다. 하나님이 다윗 왕을 세우고 가장 먼저 하신 일은 빼앗겼던 하나님의 궤를 이스라엘의 심장부인 예루살렘으로 옮기는 것입니다. 이스라엘에 떠났던 하나님의 영광이(삼상 4:17-22) 다시 돌아오고, 언약궤 안에 들어있는 두 돌판의 하나님의 말씀이 이스라엘 심장부에 다시 자리 잡습니다. 이스라엘은 하나님이 함께 하고 그의 말씀을 청종하는 나라로 회복되었습니다. 하나님의 임재와 영광이 돌아오니 이보다 더 기쁠 수 없었습니다. 하나님의 말씀이 이스라엘 심장부에 놓여 이스라엘을 다스리니 그보다 더욱 형통한 나라일 수 없었습니다. 언약궤가 예루살렘 성으로 들어오는 순간 다윗은 몸이 드러나는 줄도 모르고 기뻐 춤을 춥니다. 말하자면 하나님과 그의 말씀이 그의 나라에 돌아오니 너무 기뻐서 아무것도 눈에 보이지 않았던 것입니다. 주님 한 분 만으로 감사하고 기쁨이 넘치는 모습입니다. 이에 다윗은 감사의 번제와 화목제를 드리고 온 나라와 음식을 나누며 축복했습니다. 하나님이 이스라엘과 함께 하시고 그의 말씀이 다스리는 왕국이 되니 감사와 기쁨이 나라 전체에 가득했습니다.

우리는 무엇으로 기뻐하고 감사하나요? 다윗과 회복된 이스라엘처럼 우리 마음과 삶에 하나님의 임재와 말씀이 가득하게 되는 것으로 기쁘고 감사해야 하지 않을까요? 혹시 영혼과 삶이 무너져 있는 분이 있다면 이번 감사절은 사무엘과 다윗 때처럼 마음과 삶을 돌이켜 오직 하나님만 섬기고 그의 말씀에 순종하는 회복의 은혜를 구하는 시간이 되시길 바랍니다. 하나님이 그 마음을 기뻐하시고 영혼과 삶이 회복되는 동일한 은혜를 주실 것입니다. 사무엘이 세운 에벤에셀의 돌과 다윗의 감사와 찬양이 우리의 것이 될 것입니다.

묵상과 적용을 위한 질문

1. 여러분은 죄에서 돌이킨 이스라엘을 죽음의 위기에서 도우신 하나님을 기념하고 감사하며 에벤에셀 돌을 세운 사무엘과 비슷한 경험을 한 적이 있나요? 당신은 죄에서 돌이킨 자를 위기에서 도우시는 에벤에셀 하나님을 신뢰하나요?

2. 다윗처럼 하나님이 함께 하시고 그의 말씀이 다스리는 삶으로 인해 기뻐하고 감사하나요? 다윗처럼 주님 한 분만으로 온전히 만족해 기쁨과 감사의 예배를 드린 적이 있나요?

나만의 묵상 메모

오늘 묵상을 통해 주신 깨달음에 대해 직접 기록해 보세요.

저자와 함께 하는 한 줄 기도

하나님의 임재와 말씀이 제 마음과 삶에 충만하여 참된 기쁨과 감사의 예배를 드리게 하소서.

 기도와 결단

오늘 묵상한 말씀의 적용과 삶의 결단을 담아 자신의 기도를 적어보세요.

_____

_____

_____

_____

Days 17-21 추가소개

예수님이 가르치신 복과 우리들의 감사

오늘부터 Days 17-21에 걸쳐 5일간 소위 '팔복' 구절로 잘 알려진 마 5:3-12를 묵상하며 하나님께 감사하는 시간을 갖고자 합니다. 우리가 '하나님께 감사를 드린다'고 할 때 가장 먼저 생각나는 것은 아마도 하나님이 우리에게 베풀어 주신 '복'일 것입니다. 그런데 하나님이 우리에게 베푸신 복에 대해 생각할 때, 우리는 특별히 그 복의 근원이요 본질이며 중심이신 예수 그리스도 그분께 집중해야 합니다. 하나님은 우리를 너무나 사랑하시어 그의 친아들 예수 그리스도를 이 땅에 보내셨습니다. 그의 아들은 우리 죄를 대신 지고 십자가에 못 박혀 죽으셨습니다. 그를 믿는 모든 사람은 멸망하지 않고 영원한 생명의 복을 누립니다(요 3:16). 복을 논함에 있어, 우리는 구주 예수 그리스도께 우선적으로 주목해야 하며, 그 안에서 우리가 누리는 복을 헤아려 보아야 합니다!

그와 더불어, 예수 그리스도께서 주신 복에 대한 가르침에 우리는 마땅히 주목해야 합니다. 특별히 그 가르침을 가장 집중적으로 제시하고 있는 마 5:3-12에 주목할 필요가 있습니다. 산상수훈 시작 부분에 위치한 이 구절은 예수님이 그의 제자들에게 약속하신 아홉 가지 복에 관한 말씀을 담고 있는 동시에, 그의 제자들이 이 땅에서 '복 있는 자'로 살아가는 모습을 생생히 그려주고 있습니다. [여덟 가지 복(팔복)이 아니라 아홉 가지 복(구복)이라고 한 것은 예수님이 "… 복이 있나니"라는 표현을 아홉 번 사용하시기 때문입니다!] 이 구절에서 "… 복이 있나니"로 번역된 헬라어의 의미는 본질적으로 '행복한 사람'을 뜻합니다. 그러니까 예수님은 아홉 가지 복에 대해 가르쳐 주시며, 그 복을 누리며 행복하게 잘 사는 모습에 관해 가르치시는 것입니다.

여러분은 무엇을 '복'이라고 생각하시나요? 어떤 사람을 '행복한 사람' 또는 '잘 사는 사람'이라고 생각 하시나요? 물론 이에 관해 다양한 기준이 존재할 것입니다. 일반적으로 세상 사람들은 재물을 복이라 여깁니다. 재물이 많아야 행복하고 잘 사는 사람이라고 생각합니다. 또 다른 이는 사회적 지위나 명예, 학벌 등을 복의 주된 내용으로 간주합니다. 그것들이 많고 높아야 행복하고 잘 사는 사람이라고 생각합니다. 그런데 예수님도 그러실까요?

사실 예수님은 세상과는 전혀 다른 기준으로 행복한 인생 그리고

Days 17-21 추가소개

잘 사는 인생을 정의하십니다. 앞으로 5일간 예수님이 약속해 주시는 '복'과 예수님이 정의해주시는 그 복을 받은 제자들의 행복하고 '잘' 사는 삶을 묵상하며 그 가운데 하나님께 감사 드리는 시간이 되길 바랍니다.

이번 감사절기에 참 복과 행복에 대한 예수님의 가르침을 집중적으로 제시하는 마 5:3-12를 깊이 묵상한다면, 여러분께 큰 유익이 있으리라 생각됩니다. 이 말씀을 묵상하는 가운데 우리 마음의 눈이 열려 '행복한 삶'을 하나님 나라의 관점에서 제대로 이해하게 되고, 주님 주신 복으로 인해 진정으로 감사할 수 있기를 기도합니다. 우리 안에 참된 감사의 회복이 있기를 간구하고 갈구합니다.

> 가급적 성경 본문과 각주를 먼저 읽으시고
> 저자 해설 및 묵상을 읽어 주십시오.

21 Days of
Reflection on God's Word

21 Days

일간의
말씀묵상

Days 17-21 : 예수님이 가르치신 복과 우리들의 감사

아브라함과 다윗의 자손 예수님이 주시는 축복

심령이 가난하여 하늘 나라를 얻는 행복한 인생에 대한 감사

 오늘의 본문
마 4:17-5:3

4:17 이 때부터 예수께서 비로소 전파하여 이르시되 회개하라 천국이 가까이 왔느니라 하시더라
4:18 갈릴리 해변에 다니시다가 두 형제 곧 베드로라 하는 시몬과 그의 형제 안드레가 바다에 그물 던지는 것을 보시니 그들은 어부라
4:19 말씀하시되 나를 따라오라 내가 너희를 사람을 낚는 어부가 되게 하리라 하시니
4:20 그들이 곧 그물을 버려 두고 예수를 따르니라
4:21 거기서 더 가시다가 다른 두 형제 곧 세베대의 아들 야고보와 그의 형제 요한이 그의 아버지 세베대와 함께 배에서 그물 깁는 것을 보시고 부르시니
4:22 그들이 곧 배와 아버지를 버려 두고 예수를 따르니라
4:23 예수께서 온 갈릴리에 두루 다니사 그들의 회당에서 가르치시며 천국 복음을 전파하시며 백성 중의 모든 병과 모든 약한 것을 고치시니
4:24 그의 소문이 온 수리아에 퍼진지라 사람들이 모든 앓는 자 곧 각종 병에 걸려서 고통 당하는 자, 귀신 들린 자, 간질하는 자, 중풍병자들을 데려오니 그들을 고치시더라
4:25 갈릴리와 데가볼리와 예루살렘과 유대와 요단 강 건너편에서 수많은 무리가 따르니라
5:1 예수께서 무리를 보시고 산에 올라가 앉으시니 제자들이 나아온지라
5:2 입을 열어 가르쳐 이르시되
5:3 심령이 가난한 자는[19] 복이 있나니[20] 천국이 그들의 것임이요

저자 해설 및 묵상

　아브라함과 다윗의 자손으로 예수님이 세상에 오셨습니다(마 1:1). 아브라함의 자손으로 오신 예수님은 하나님이 아브라함에게 주신 약속인 "너로 큰 민족을 이루고 땅의 모든 족속이 너로 인해 복을 얻으리라(창 12:1-3)"는 말씀을 완성하십니다. 예수님은 공생애 사역을 시작하며 모든 민족을 향하여 하늘나라가 임하였으니 돌이키고 나를 따르라고 선포하십니다(마 4:17-23). 모든 앓는 자를 고치시는 권능을 행하시며 모든 민족을 하나님께 돌아오게 하십니다(마 11:21). 하나님의 아들 구원자 예수님께 돌이켜 그를 따르는 모든 족속은 아브라함과 이삭과 야곱의 하나님의 자녀가 되는 복을 얻습니다. 예수님은 그에게 돌이킨 수많은 민족들로 하늘나라를 채우십니다(마 8:11, 24:14, 30-31, 28:19). 또한, 다윗의 자손으로 오신 예수님은 다윗 왕이 세웠던 강대한 하나님의 나라를 최종적으로 완성하십니다. 다윗은 십계명이 새겨진 두 돌판이 담긴 언약궤를 예루살렘으로 가져와 이스라엘에 하나님의 영광을 회복하고 그의 말씀을 청종하는 나라를 세웠습니다. 마찬가지로, 예수님은 하늘 문을 여시고 하나님의 성령이 돌아오게 하십니다(마 3:16). 또한, 돌이켜 그를 따르는 하나님 나라 백성에게 하나님의 말씀을 자세히 풀어 가르치며 그것을 청종하는 하나님 나라를 완성하십니다(마 5:17-19, 7:12, 28:20).

　예수님이 돌이켜 나를 따르라고 부르시니 제자들이 세상에서 가진 모든 것을 뒤로하고 그를 따라나섭니다(마 4:17-5:2). 예수님은 먼저 팔복의 말씀을 가르치십니다(마 5:3-12). 이는 예수님께 인생 전체를 돌이킨 제자들이 받는 아홉 가지 축복과 그 복을 소유한 제자들의 행복하고 잘 사는 아홉 가지 삶의 모양에 대한 것입니다. 하나님의 약속을 성취하고 세상을 구원하러 오신 예수님이 가장 먼저 하신 것은 제자들이 받는 축복과 그것을 누리며 사는 행복하고 잘 사는 삶의 선포입니다. 이 아홉 가지 복과 행복하고 잘 사는 삶의 모습 하나하나가 우리의 구체적인 감사의 제목들입니다. 세상에서 돌이켜 예수님을 따르는 사람들이 받아 누리는 것이기에 세상이 말하는 축복과 행복하게 잘 사는 삶과는 그 내용과 모양이 질적으로 다릅니다.

먼저, 예수님은 심령이 가난한 사람이 행복한 사람, 잘 사는 사람이라고 말하십니다. 왜냐하면 하늘나라가 저희 것이기 때문입니다. 심령이 가난하다는 것은 그 심령에 세상 것이 없어 가난하다는 것입니다. 세상의 자랑, 세상의 명예, 세상의 부, 세상의 높음 등이 전혀 없이 가난한 것입니다. 하늘나라를 소망하는 사람들이기 때문에 그 마음에는 세상 것이 아무것도 없습니다. 그들은 심령을 구원자 예수님께 돌이켰기 때문에 하늘나라를 받는 행복하고 잘 사는 사람들입니다. 심령에 세상이 없고 하늘나라만 있는 행복한 사람의 모습은 제자들이 잘 보여줍니다. 제자들은 예수님이 돌이켜 나를 따르라 부르시니 망설임 없이 세상 모든 것들을 버리고 돌이켜 예수님을 따릅니다. 그들은 세상을 향하여서는 아무 가진 것이 없는 가난한 사람이지만, 예수님과 동행하고 함께 먹고 마시며 그와 그의 나라를 소유했습니다(마 4:17-5:2). 그들은 세상을 버리고 예수님께 돌이켰기에, 비록 가난하지만 예수님과 하늘나라를 얻어 행복했습니다.

심령은 가난하지만 하늘나라를 소유하기 때문에 행복한 제자들과는 정반대의 인물이 바로 부자 청년입니다(마 19:16-24). 그는 하늘나라에 들어가고 싶지만 그 심령이 세상으로 부해 들어가지 못합니다. 그는 어려서부터 모든 율법을 지켰다는 자기 의로 심령이 부합니다. 그리고 많은 재산을 소유하고 있어 돈으로 심령이 부합니다. 그러나, 예수님은 영생을 얻으려면 가진 모든 것을 팔아 가난한 사람에게 주고 돌이켜 나를 따르라고 하십니다. 안타깝게도 그는 예수님의 부르심을 거절하며 돈으로 부한 심령을 가난하게 비우지 않습니다. 그는 세상이 보기에 의롭고 부하여 모든 것을 가진 행복한 사람 혹은 잘 사는 사람 같습니다. 하지만, 하늘나라에 들어가지 못하는 불행하고 잘 못 사는 사람입니다.

　이 땅에서 진짜 행복한 사람 혹은 진짜 잘 사는 사람은 누구인가요? 그들은 세상 가진 모든 것을 팔아 가난한 사람들에게 주고 예수님께 돌이킨 제자들입니다. 세상 것으로 채워진 심령과 삶을 비워 가난하게 하고 예수님께 돌이켜 그 빈 심령에 하늘 나라와 그 나라의 의로 채워 가득한 사람입니다(사 29:19 참고). 그들은 의로운 청지기처럼 세상 물질에 그 심령을 빼앗기지 아니하고 미련없이 흘려보내는 가난한 사람입니다. 그들의 심령은 하늘나라 왕이신 예수님의 십자가 사랑으로 가득합니다. 언제나 그들의 귓가는 "내가 너를 사랑한다"는 예수님의 음성으로 가득합니다. 행복하고 잘 사는 사람은 그 마음과 삶이 세상이 아니라 예수님의 사랑으로 부유한 사람입니다. 감사하십시오. 천국이 저희 것입니다.

19 "심령이 가난한 자"라 번역된 단어는 프뉴마(πνεῦμα)와 프토코스(πτωχός)다. 먼저, "가난한 자"라 번역된 프토코스는 가난함, 소유 없음, 낮음, 겸손함 등을 의미한다. "심령"이라 번역된 프뉴마는 생명, 마음, 영혼, 목숨 등을 의미하며 한 사람의 존재 전체를 나타낸다. 심령에 소유가 없다는 것은 단순히 물질적 소유 없음을 말하는 것이 아니다. 영혼이 가난함(소유 없음), 마음이 낮음, 영혼이 겸손함을 의미한다. 예수님은 같은 절에서 영혼에 소유가 없는 사람의 반대 개념을 가르치신다. 그 영혼에 (세상이 아닌) 하늘나라를 소유한 사람이다. 즉, 심령이 가난한 자는 그 영혼, 마음, 삶에 세상이 말하는 부와 높음과 자랑이 없고, 오히려 그와 반대되는 하늘나라를 소유한 존재다. 그 심령이 세상에 대하여는 가진 것이 없고, 하늘나라를 소유한 사람이다. 세상에 대하여 가진 것이 없는 존재이니 실제 드러나는 삶에서도 세상에 대하여 가진 것이 없는 존재다. 오히려 그 존재에 하늘나라를 소유하여 마음과 삶이 하늘나라의 가치로 가득하며 실제의 삶에서도 하늘나라의 가치와 하나님의 말씀이 풍성히 드러나는 존재다.

20 "복이 있나니"라 번역된 단어는 마카리오스(μακάριος)다. 마카리오스는 하나님이 주시는 복을 받아 그 복을 누리는 사람의 상태를 의미한다. 단순히 "복이 있는 사람" 혹은 "복을 받은 사람"이 아니다. 복을 받아 "행복한 사람", "잘 사는 사람"을 의미한다. 본문에서는 하나님이 주시는 구원과 영생의 복을 받아 그것을 누리며 살아가는 행복하고 잘 사는 인생을 의미한다. 이에 관해서는, 같은 단어[히브리어 아셰르(אֶשֶׁר)/헬라어 마카리오스(μακάριος)]가 사용된 시편 1편의 말씀을 예로 들 수 있다. '행복한 사람', '잘 사는 사람'은 악인의 꾀를 따르지 않는 사람이며, 죄인들의 길에 서지 아니하고 오만한 자리에 앉지 않는 사람이다. '행복한 사람', '잘 사는 사람'은 오직 여호와의 율법을 즐거워하여 그의 율법을 주야로 묵상하는 사람이다. 마 5:3을 다음과 같이 번역할 수 있다. "행복한 사람, 잘 사는 사람은 심령에 (세상에 대하여) 가진 것이 없는 사람이다. 왜냐하면 그들이 하늘나라를 소유하기 때문이다."

묵상과 적용을 위한 질문

1. 여러분이 생각하는 행복한 삶 혹은 잘 사는 삶은 어떤 것인가요? 돈이 많은 사람이 행복하고 잘 사는 사람이라고 생각하나요? 아니면, 심령(마음과 삶)은 가난하지만 하늘나라를 소유한 사람이 행복하고 잘 사는 사람이라고 생각하나요?
2. 여러분의 자녀(가족)들이 행복하길 원하시는 줄 압니다. 구체적으로 어떤 뜻에서 그들이 행복한 삶을 누리기 원하고 있나요?
3. 여러분의 심령(마음과 삶)은 지금 무엇으로 차 있나요? 세상의 추구하는 것들과 그것들에 대한 갈망인가요 아니면 예수님의 사랑인가요?

나만의 묵상 메모

오늘 묵상을 통해 주신 깨달음에 대해 직접 기록해 보세요.

저자와 함께 하는 한 줄 기도

우리의 심령이 예수님께로 돌이켜 하늘나라를 소유한, 행복한 삶을 살게 하소서!

 기도와 결단

오늘 묵상한 말씀의 적용과 삶의 결단을 담아 자신의 기도를 적어보세요.

_____

_____

_____

_____

애통하나 안위를 얻고, 가난하나 땅을 얻는 행복한 인생에 대한 감사

 오늘의 본문
마 5:4-5

5:4 애통하는 자는[21] 복이 있나니 그들이 위로를 받을 것임이요[22]
5:5 온유한 자는[23] 복이 있나니 그들이 땅을 기업으로 받을 것임이요

∞ 저자 해설 및 묵상 ∞

　이 세상에서 행복한 사람, 잘 되는 사람은 누구일까요? 예수님은 애통하는 사람이 행복한 사람, 잘 되는 사람이라고 말씀하십니다. 비록 그들이 지금은 애통하지만 곧 위로(기도 응답)를 받을 것이기 때문입니다. 세상에는 두 부류의 사람이 있습니다. 하나는 크고, 힘이 세며, 높은 곳에 있는 사람들입니다. 다른 하나는 작고, 힘이 약하며, 낮은 곳에 있는 사람들입니다. 전자는 후자를 착취하고, 고통을 주고, 무시하며 웃습니다. 후자는 전자에 의해 착취당하고, 고통을 겪고, 무시당하며 웁니다. 어떤 부류의 사람이 행복하고 잘 사는 사람일까요? 세상은 크고 높은 곳에서 웃고 즐거워 하는 사람을 행복하고 잘 사는 사람으로 여기겠지만, 예수님이 왕이신 하늘나라는 작고 힘 없고 낮은 곳에서 애통하고 비통해 하는 사람을 행복하고 잘 사는 사람으로 여깁니다. 세상 나라는 크고 힘세고 높은 사람이 먼저인 곳입니다. 하지만, 하늘나라는 작고 약하고

낮은 곳에 있는 사람이 먼저인 나라입니다(마 21:26-27). 세상과 전혀 다른 하늘나라가 이 땅에 임하여 세상의 질서를 뒤엎습니다. 세상이 크고 높다 하는 것을 작고 낮다 하고, 작고 낮다 하는 것을 크고 높다고 합니다. 작고 힘없고 낮은 곳에서 애통하는 자들에게 소망이 임한 것입니다.

하늘나라가 임하여 작고 낮은 곳에서 애통하며 부르짖는 사람의 기도에 응답하여 안위를 얻게 합니다. 높은 곳에 앉아 군림하고 착취하며 웃는 자들에게는 심판의 날입니다. 하늘나라가 이 땅에 임하니 울던 이들은 웃고, 웃던 이들은 울게 됩니다. 이사야의 예언대로 슬퍼하는 사람들이 위로를 얻는 여호와의 은혜의 해이며 하나님의 보복의 날입니다(사 61:2). 은혜와 정의와 공의의 하나님이 세상의 악과 불의와 무자비함을 보복합니다. 슬퍼하는 자들에게 화관을 주고, 재를 대신해 기쁨을 주며, 슬픔을 대신해 찬송의 옷을 주십니다(사 61:3). 하늘나라가 이 땅에 임하여 작고, 병약하고, 소외 당하고, 굶주리고, 고통 당하며, 슬픔 속에 살아가는 사람들을 가장 먼저 찾아갑니다(마 4:23-25). 그들을 손으로 만져 고쳐 주고, 안아 주고, 먹여 주며, 위로합니다. 그러니 작고 약하고 낮은 곳에서 애통하며 도움을 구하는 사람들이 행복하고 잘 된 사람입니다. 무엇보다 예수님은 이 세상 가장 높은 곳에서 큰 힘을 휘두르는 죽음을 물리칩니다. 죽음 만큼 사람을 애통하게 하고 슬프게 하는 일은 없을 것입니다. 그러나, 예수님께 돌이킨 사람들은 하늘나라에 들어가 영생을 누리고 안위(위로)를 얻습니다. 그러니 그들은 행복합니다.

또한, 예수님은 가난하고 겸손한 사람이 행복한 사람, 잘 사는 사람이라고 말씀하십니다. 비록 그들이 지금은 낮은 곳에서 가난하게 살지만 하늘나라에서 땅을 기업으로 상속받아 부하게 될 것이기 때문입니다. "온유한 자"라 번역된 헬라어 프라우스는 "가난한 사람", "낮은 사람", "겸손한 사람"을 의미합니다. 이 가난하고 겸손한 사람의 모본은 나귀를 타고 예루살렘 왕궁에 입성하시는 가난하고 겸손한 왕 예수님입니다(마 21:5). 세상의 왕은 황금 마차를 타고 왕궁에 입성하지만, 하늘나라 왕인 예수님은 나귀를 타십니다. 세상의 군왕은 부를 축적하고 높은 곳에 앉아 군림하고 섬김을 받지만, 하늘나라 왕은 부와 목숨까지도 나누어 주고 가난하며 낮은 곳에서 겸손히 섬깁니다. 하늘나라는 작은 사람처럼 자기를 낮추어 섬기는 사람이 높임 받는 곳입니다(마 18:1-6). 하늘나라에서 큰 자는 섬기는 자이고, 으뜸인 자는 종이 되어 섬기는 사람입니다(마 20:26-28). 예수님은 섬김을 받으려 함이 아니라 많은 사람을 살리기 위한 대속 제물로 자기 목숨을 주십니다(마 20:28). 예수님이야말로 가난하고 낮추시는 "겸손"의 모본이십니다.

이렇게 가난하고 겸손한 자들이 행복한 이유는 그들이 하늘나라에 들어가 그 땅을 상속받을 것이기 때문입니다. 마 19:27-29가 이를 잘 설명합니다. 예수님은 세상이 새롭게 되어 인자(예수님)가 자기 영광의 보좌에 앉으시는 날에 가족이나 전토 등 모든 것을 버리고 돌이켜 그를 따르는 제자들은 여러 배를 받고 영생을 상속할 것이라고 약속하십니다. 예수님이 주시는 확실한 투자 정보입니다. 여러분은 많은 사람을 살리기 위해 스스로 가난하게 되고 목숨까지 내어주며 섬기는 예수님의 삶을 행복하고 잘 사는 삶이라 말할 수 있나요? 혹은 예수님을 따라

가진 모든 것을 팔아 가난한 자들에게 나누어 주고 자기를 낮추어 겸손히 섬김의 삶을 사는 사람을 행복하고 잘 사는 사람이라고 말할 수 있나요? 예수님은 그렇다고 대답하십니다. 가진 것을 팔고 목숨도 내어주며 낮은 곳에서 남을 섬기는 하늘나라 왕인 예수님의 모습을 보고 부끄러워하거나 넘어지지 않는 사람이 행복한 사람(복 있는 사람)입니다(마 11:1-6). 이 겸손한 예수님을 따라 낮고 가난한 자리에서 작고 약한 자들을 섬기는 사람이 하늘나라 땅을 상속받는 진실로 행복한 사람입니다. 이 행복을 주신 예수님께 감사하는 추수감사절이 되길 기도합니다.

21 "애통하는 자"라 번역된 헬라어 단어는 펜쎄오(πενθέω)이다. '애통해 하다', '비통해 하다', '슬퍼하다'라는 의미다. 힘이 없고 낮은 곳에서 있는 사람들이 힘세고 높은 사람들로 인해 고통 당하며 구원을 위해 울부짖는 모습을 묘사한다. 특히, 인간이 죽음에 대해 갖게 되는 쓰고도 아픈 감정을 나타낸다. 마 9:15에서는 "슬퍼하다"라고 번역된다. 신랑을 빼앗긴 신부의 애통하고 비통한 마음을 표현한다. 신랑을 빼앗긴 신부의 애통(비통)함은 예수님을 십자가에 빼앗긴 제자들의 애통(비통)함을 표현한다. 오늘 본문의 애통하는 사람들에는 예수님의 죽음에 애통하는 제자들이 필연적으로 포함된다. 예수님은 힘이 없고 낮은 자리에 스스로 내려가시어 세상을 섬기신다. 그러나, 힘이 세고 높은 위치를 지닌 예루살렘 종교 지도자와 로마의 권력은 예수님을 핍박하고 죽인다. 힘없고 작은 제자들은 이 억울한 죽음에 애통(비통)하는 것 외에는 할 수 있는 것이 아무것도 없다. 반면, 예루살렘과 로마의 힘있는 세도가들은 예수님의 죽음을 기뻐하고 즐거워한다(마 27). 그들은 죄 없는 사람을 죽이는 불의한 이들이다. 그들은 하늘나라에서 '땅'을 얻지 못한다. 하늘나라에 들어가지 못한다. 그러나, 예수님의 죽음에 애통(비통)해 하는 제자들은 하늘나라에 들어가 '땅'을 상속받는다. 둘 중 누가 과연 행복하고 잘 사는 인생인가? 이 땅에서는 애통하지만 하늘나라를 상속하는 제자들이 행복한 존재다!

22 "위로를 받을 것임이요"라 번역된 단어는 파라칼레오(παρακαλέω)이다. '도움을 구하다', '(위로, 응원, 도움을 위해) 곁으로 부르다'를 의미한다. 보혜사 성령을 의미하는 파라칼레토스의 동사형이기도 하다. 이 단어는 마 2:18, 5:4, 8:5, 31, 34, 14:36 등에도 사용된다. 본문에서는 "위로를 얻다"라고 번역되었지만, 다른 곳에서는 대부분 '도움을 구하다' 그리고 수동태로 '도움을 입다'로 번역된다. 이 동사는 오늘 본문에서도 '도움을 얻을 것이다' 또는 '도와 달라는 기도에 응답을 얻을 것이다'를 의미한다. 이 땅의 부조리와 불평등과 억압과 압제로 인해 고통 당하는 주의 자녀들이 애통(비통)함 속에 하나님께 울부짖으며 도움을 구하고 기도할 때 그들은 하나님의 도움을 응답으로 얻을 것이다. 하나님이 기도에 응답하시고 상황을 역전시켜 그들에게 안위(위로)를 주실 것이다.

23 "온유한 자"로 번역된 단어는 프라위스(πραΰς)이다. '소유가 없는 가난한 자', '힘없는 낮은 자', '작은 자', '겸손한 자'를 의미한다. "온유한 자"는 적절치 않은 번역이다. 프라위스는 가난한 자, 낮은 자, 부하고 힘센 자들에게 압제당하는 약한 자라는 의미를 갖는 히브리어 단어 아나브(עָנָו)에 상응한다(시 37:11; 아 2:7; 사 29:19 등). 히브리어 아나브는 마 5:3에서 "가난한 자"로 번역된 헬라어 단어 프토코스와도 상응한다. 즉, 프라위스와 프토코스는 의미가 비슷한 단어이다. 프라위스는 마 21:5에서 '온유'가 아니라 '겸손'으로 번역된다. 나귀를 탄 가난하고 겸손한 예수님을 묘사한다. 나귀를 탄 예수님의 모습은 프라위스의 개념이 온유보다는 가난함, 낮음, 겸손함을 뜻한다는 것을 잘 보여준다. 또한 "땅을 기업으로 받을 것"이라는 축복의 말씀은 프라위스가 가난한 사람, 작고 낮은 사람을 의미한다는 사실을 드러낸다. 가난한 자, 작은 자, 겸손한 자에게 땅을 주어 부하고, 크고, 높은 자로 만드신다는 대비가 두드러진다. 예수님은 심령이 가난한 자에게 하늘나라를 주시고, 애통하는 자에게 위로를 주시고, 가난하고 낮은 자에게 땅을 기업으로 주시고, 긍휼히 여기는 자를 긍휼히 여기시는, 역전의 축복을 반복하여 약속하신다. 예수님처럼 이 땅에서 가난하고 겸손한 사람이 행복하고 잘 사는 사람이다!

묵상과 적용을 위한 질문

1. 여러분을 가장 애통하게 하는 것은 무엇인가요? 여러분은 크고 높은 곳에서 군림하는 것을 좋아하나요 아니면 피하나요? 혹은 은밀히 그것을 추구하나요? 여러분의 자녀나 가족들이 크고 높은 곳에서 군림하기를 은근히 기대하는 것은 아닌가요?

2. 여러분의 삶의 모습은 예수님처럼 스스로를 낮추어 모든 것을 팔고 목숨까지도 내어주며 겸손히 하나님과 이웃을 섬기는 것인가요? 여러분이 생각하는 행복하고 잘 사는 사람은 이 세상에서 많이 소유하는 것인가요 아니면 하늘나라의 '땅'을 상속하는 것인가요?

___

___

___

 나만의 묵상 메모

오늘 묵상을 통해 주신 깨달음에 대해 직접 기록해 보세요.

___

___

___

저자와 함께 하는 한 줄 기도

주님처럼 겸손히 섬기며, 영원에 잇대어 사는 행복한 삶을 살게 하소서.

 기도와 결단

오늘 묵상한 말씀의 적용과 삶의 결단을 담아 자신의 기도를 적어보세요.

_____

_____

_____

_____

의에 주려 의로 배부르고 긍휼히 여겨 긍휼히 여김 받는 행복한 인생에 대한 감사

 오늘의 본문
마 5:6-7

5:6 의에[24] 주리고 목마른 자는 복이 있나니 그들이 배부를 것임이요
5:7 긍휼히 여기는 자는[25] 복이 있나니 그들이 긍휼히 여김을 받을 것임이요

•○ **저자 해설 및 묵상** ○•

이 세상에서 행복하고 잘 사는 사람은 누구일까요? 예수님은 의에 주리고 목마른 사람이라고 하십니다. 그들이 의로 배부를 것이기 때문입니다. 며칠을 굶주리고 목마른 사람이 먹을 것과 마실 것만 구하듯이, 의에 주리고 목마른 사람은 오직 의만 구합니다. 그들이 예수님이 말하는 "먼저 (혹은 오직) 하나님의 나라와 그의 의를 구하는" 사람입니다. 그들은 목숨과 몸을 위해 "무엇을 먹을까 무엇을 마실까 무엇을 입을까" 말하지 않습니다. 즉, 세상 재물을 구하지 않고 오직 하나님의 의를 구하는 사람들입니다(마 6:24). 그들은 하늘나라에 들어가고 그 나라에 풍성한 하나님의 의로 배부르게 될 것입니다(마 6:31-33). 그러나 하나님의 의를 구하지 않고 세상의 재물을 구하는 사람은 하늘나라에 들어가지도 못하고 의를 얻지도 못합니다. 그러니 세상 재물이 아니라 의에 주

리고 목마른 사람이 행복하고 잘 사는 사람입니다.

　의에 주리고 목마른 사람은 예수님이 전체 산상수훈에서 가르치는 "더 나은 의", 즉 하나님의 말씀, 뜻, 법을 추구하는 사람입니다. 특히, 산상수훈과 구약성경의 전체 요약이라고 할 수 있는 마 7:12의 황금률을 실천하는 사람입니다. 또한, 그들은 먹을 것이 없고 마실 것이 없는 이웃 사람을 먹이고 마시우는 섬김의 의를 실행하는 사람입니다. 예수님은 의인이란 주린 자를 먹이고, 목마른 자를 마시게 하고, 나그네 된 자를 영접하고, 헐벗은 자를 입히고, 병든 자를 돌보고, 옥에 갇힌 자를 돌보는 사람이라고 말씀하십니다(마 25:34-46). 예수님은 이 지극히 작은 사람들 중 하나에게 행하는 것이 자기에게 하는 것과 같다고까지 하십니다. 지극히 작은 이들을 섬기는 것이 예수님을 섬기는 것입니다. 예수님은 자신과 작은 이들을 동일시하시어 율법의 큰 계명인 "네 마음을 다하고 목숨을 다하고 뜻을 다하여 주 너의 하나님을 사랑하라 … 네 이웃을 네 자신 같이 사랑하라"라는 말씀을 실천합니다(마 22:36-40). 이 의를 찾는 사람은 하늘나라를 상속받지만, 그렇지 않은 사람은 영원한 불에 들어갑니다(마 25:46). 그러니 의를 구하는 사람이 행복한 사람입니다.

　또한, 의에 주리고 목마른 사람은 예수님의 몸과 피를 먹고 마시기를 갈망하는 사람입니다. 예수님은 최후 만찬에서 그의 몸과 피를 상징하는 떡과 포도주를 제자들에게 먹고 마시라 합니다. 의에 "주리고 목마른 것"과 예수님의 몸과 피를 "먹고 마신다"는 언어가 대칭됩니다. 이는 우연이 아닙니다. 예수님의 몸과 피는 많은 사람이 먹고 마셔 구원을 얻게 하는 희생과 섬김의 의의 최고봉입니다. 이 의는 죄 없으신 분이 죄인을 구원하기 위해 몸과 피를 내어 주는 숭고한 의입니다. 인간이 인간을 위해 목숨을 희생하는 것이 아닌, 창조주인 하나님이 피조물인 인간을 위해 목숨을 버리는 다른 차원의 의입니다. 예수님이 말씀하시는 의에 주리고 목마른 사람이란 이 숭고함의 최고봉인 예수님의 의를 갈망하는 사람입니다. 누구라도 이 예수님의 몸과 피를 먹고 마셔 그의 섬김과 희생의 의로 배부른 사람이 행복하고 잘 사는 사람입니다.

또한, 예수님은 긍휼히 여기는 사람이 행복하고 잘 사는 사람이라고 하십니다. 그들이 긍휼히 여김 받을 것이기 때문입니다. 긍휼히 여기는 사람은 긍휼히 여기는 일인 구제를 행하는 사람입니다(마 6:2-4, 25:34-36). "긍휼히 여기는 자"로 번역된 단어와 "구제"로 번역된 단어는 품사만 다를 뿐 같은 단어입니다. 긍휼히 여기는 사람이 긍휼히 여기는 일인 구제를 행하는 것은 당연합니다. 이 긍휼히 여기는 자의 모본은 예수님입니다. 그는 버림받고 소외된 이웃을 자신을 사랑하듯 사랑합니다. 세상에서 소외된 병자, 세리, 죄인들이 예수님께 "나를 불쌍히 여기소서" 외쳐 부를 때, 그들을 먹이고 망설임 없이 손으로 만지시고 고치십니다(마 9:27, 15:22, 17:15, 20:30-31). 무엇보다 예수님은 죄로 인해 세상에 임한 죽음의 고통으로 신음하는 사람들을 긍휼히 여기십니다. 자기 목숨까지 내어주며 그들을 죽음과 그 고통에서 해방합니다.

긍휼히 여기는 사람은 하나님이 그를 긍휼히 여겨 그의 죄를 용서해 주신 것을 기억하고 그도 그의 동료를 긍휼히 여겨 그의 죄를 용서하는 사람입니다. 예수님은 용서하지 않는 종의 비유를 통해 하나님께 긍휼히 여김 받은 사람으로서 형제를 긍휼히 여기는 것이 마땅하다고 가르치십니다. 주인에게 긍휼히 여김 받아 만 달란트 빚을 탕감받은 종이 그에게 백 데나리온 빚진 동료를 긍휼히 여겨 탕감해 주는 것이 마땅합니다(마 18:21-35). 하나님이 긍휼히 여겨 주심을 기억하여 형제 자매를 긍휼히 여기는 주의 자녀는 더욱 긍휼히 여김 받을 것입니다. 그렇지 않은 자는 영벌에 들어갈 것입니다. 그러니 긍휼히 여기는 사람이 행복하고 잘 사는 사람입니다. 이 긍휼이 가득한 행복하고 멋진 삶으로 인도하신 예수님께 감사하는 감사절을 보내시길 기도합니다.

24 "의"라 번역된 단어는 디카이오수네(δικαιοσύνη)이다. 한자("옳을 의") 그대로 "의"는 "옳음" 혹은 "바름"을 의미한다. 성경이 말하는 "의"란 하나님의 말씀, 뜻, 법을 지칭한다. 단어만 다를 뿐 모두 하나님의 말씀과 그 안에 담긴 하나님의 뜻을 지칭한다. 하나님의 말씀, 뜻, 법은 언제나 옳다. 하나님으로부터 절대적인 "옳음", "의", "바름"이 나온다. 그렇기 때문에, 의에 주리고 목마른 사람이란 하나님의 말씀, 뜻, 법에 주리고 목마른 사람이다. 예수님은 하나님의 의, 말씀, 뜻, 법을 간절히 찾고 구하는 사람이 행복하고 잘 사는 인생이라 말한다. 그렇다면, 예수님이 말씀하시는 "의", 즉 언제나 옳은 하나님의 말씀의 구체적인 내용은 무엇일까? 예수님은 산상수훈 전체에서 하나님의 의로운 말씀에 대해 가르치신다. 예수님은 마 5:17-20에서 "율법과 선지자", 즉 구약 성경을 일점 일획도 빠짐없이 다 이루러 오셨다고 말씀하시며, "더 나은 의"를 가르치신다. "더 나은 의"란 예수님 당시 외식하는 서기관과 바리새인 등이 지키는 "의"와 구분되며 차별성을 지닌다. 그들 종교 지도자들이 해석하고 행하는 하나님의 의, 즉 하나님의 말씀은 온전하지 못하다(마 5:48, 6:1 등). 외식하는 이스라엘은 구약 성경의 하나님의 말씀을 의도적으로 잘못 해석하고 자기 영광을 위해 오용한다. 산상수훈에서 예수님은 하나님의 아들이자 구약 성경의 저자로서 그 안에 담긴 온전한 하나님의 의, 뜻, 법을 가르치신다. 특히, 마 5:17에 언급된 "율법과 선지자"라는 표현이 마 7:12에서 재사용되어 전체 산상수훈을 포섭하고 있다. 즉, 마 5:17-7:12에 기록된 산상수훈 전체가 율법과 선지자, 즉 구약 성경 하나님의 말씀 속의 참된 "하나님의 뜻"과 "더 나은 의"에 대한 예수님의 가르치심이라는 사실이 이같은 포섭구조를 통해 암시된다. 예수님이 산상수훈에서 가르쳐 주시는 하나님의 의에 주리고 목마른 사람이 행복한 자다. 그들이 예수님이 가르치시는 의로 배부르게 될 것이기 때문이다. 이 행복을 누리며 감사의 찬양을 올려드리는 삶이 되길 기도한다.

25 "긍휼히 여기는 자"와 "긍휼히 여김 받을 것임이요"라고 번역된 단어는 각각 형용사 엘레에몬(ἐλεήμων)과 동사 엘레에오(ἐλεέω)다. 이 둘은 같은 어근을 지닌다. 각각 '긍휼이 가득한', '불쌍히 여기는', '긍휼히 여기다', '불쌍히 여기다'라는 의미를 갖는다. 두 단어 모두 끔찍한 재앙을 당하거나 어렵고 힘든 상황 속에 있는 사람을 해방시키고 그 고통을 제거하기를 원하는 마음 혹은 갈망을 나타낸다. 마 6:2-4에는 명사형인 엘레에모수네(ἐλεημοσύνη)가 사용되는데, 한글 성경에는 "구제"로 번역되었다. 이 단어 역시 같은 어근을 가지며 품사만 다르다. 엘레에모수네는 '긍휼', '자비', '자비롭게ㆍ긍휼히 여기는 행위', 특히 '구제의 행위' 혹은 '구제를 위한 물질'을 의미한다. 이 단어는 마 5:7이 말하는 "긍휼히 여기는 자"란 긍휼히 여기는 일을 하는 자, 즉 구제하는 사람임을 알려준다. 마 6:1-4은 의를 행하는 것을 긍휼히 여기는 일(구제를 행하는 것)과 동일시한다. 마 6:1에서 예수님은 사람들에게 보이기 위해 의를 행하지 말라고 말씀하신다. 그리고 마 6:2에서는 "구제할 때에 외식하는 자가 사람에게서 영광을 받으려고 회당과 거리에서 하는 것 같이 너희 앞에 나팔을 불지 말라"고 말씀하신다. 이 두 구절은 예수님이 의를 행하는 것과 구제를 하는 것을 동일시하고 있음을 보여준다. 외식하지 않고(혹은 사람에게 영광을 받으려 하지 않고) 구제하는 것이 하나님의 뜻이자 '더 나은 의'이다. 이 긍휼히 여기는 일을 하며 사는 사람이 진실로 행복하고 잘 사는 사람이다. 그들만이 하나님께 긍휼히 여김 받을 것이기 때문이다.

묵상과 적용을 위한 질문

1. 예수님이 보여주신, 목숨까지 내어 주시는 희생과 섬김의 의를 여러분은 어떤 구체적이고 실제적인 방식으로 따르고 있나요?
2. '오직 하나님의 나라와 의를 구하는 사람'이라는 말을 들을 때, 떠오르는 분이 있나요? 여러분이 진정 그런 사람이 되길 원하나요?
3. 지금 여러분이 긍휼히 여기는 일(구제)로 섬겨야 할 분이 있나요?

___

나만의 묵상 메모

오늘 묵상을 통해 주신 깨달음에 대해 직접 기록해 보세요.

저자와 함께 하는 한 줄 기도

　예수님의 의로 배부르게 하시고, 주가 긍휼히 여기심을 기억하고 이를 삶에 반영하는 삶을 살게 하소서.

 기도와 결단

　오늘 묵상한 말씀의 적용과 삶의 결단을 담아 자신의 기도를 적어보세요.

---

day 20
마음이 청결하여 하나님을 보고, 화평하게 하여 하나님의 아들이라 일컬음 받는 행복한 인생에 대한 감사

 오늘의 본문
마 5:8-9

5:8 마음이 청결한 자는[26] 복이 있나니 그들이 하나님을 볼 것임이요
5:9 화평하게 하는 자는[27] 복이 있나니 그들이 하나님의 아들이라 일컬음을 받을 것임이요

●○ **저자 해설 및 묵상** ○●

행복하고 잘 사는 인생은 어떤 것일까요? 예수님은 마음이 청결한 사람이 행복하고 잘 사는 사람이라고 말씀하십니다. 그들이 하나님을 보게 될 것이기 때문입니다. 마음이 청결한 사람 혹은 깨끗한 사람은 누구일까요? 먼저, 마음이 청결한 사람은 그 마음과 삶이 죄를 지어 더러운 것이 아니라 하나님의 말씀을 지켜 깨끗한 사람입니다. 구약 율법은 깨끗한 것(정한 것)과 더러운 것(부정한 것)을 구별합니다. "청결한 자"라 번역된 헬라어 카싸로스는 율법이 정하는 깨끗한(정한) 사람을 가리킵니다. 즉, 마음이 청결한 사람은 그 마음에 불의, 죄, 탐심, 음란, 미움, 세상 자랑 등 더러운 것이 없고, 하나님의 말씀으로 깨끗한 사람입니다. 그 마음에 죄가 없는 것은 기본입니다. 그 마음에 하나님의 말씀이 가득하고 그것을 삶으로 실천하는 사람이 깨끗한 사람입니다. 예수님은

마음이 정결한 사람이 그 마음에 담고 따라야 하는 하나님의 말씀 전체를 두 개의 문장으로 요약해 주십니다. 하나는 "무엇이든지 남에게 대접을 받고자 하는 대로 너희도 남을 대접하라"는 황금률이고(마 7:12), 또 다른 하나는 "네 마음을 다하고 목숨을 다하고 뜻을 다하여 주 너의 하나님을 사랑하라 … 네 이웃을 네 자신 같이 사랑하라"는 말씀입니다(마 22:36-40). 이 황금률의 말씀과 율법과 선지자를 요약하는 계명을 그 마음에 담고 삶으로 실천하는 사람이 깨끗한 사람입니다.

무엇보다, 예수님이 말씀하시는 마음이 청결한 사람이란 마음은 더럽고 겉은 깨끗한 외식하지 않는 사람입니다. 예수님이 가장 싫어하는 사람들이 있었다면 그들은 외식하는 사람들입니다. 그들은 겉으로 율법을 지켜 깨끗하게 보이려 합니다. 하지만 그 마음은 하나님에게서 멀고 오히려 자기 영광을 구하는 죄악으로 가득 차 더럽습니다(마 6:1-6, 23:23-28). 그렇다고 그들이 모든 율법을 지키는 것도 아닙니다. 그들은 겉으로 보이는 "박하와 회향과 근채의 십일조"는 드리지만, "율법의 더 중한 바 정의와 긍휼과 믿음은" 버립니다(마 23:23). 눈에 보이는 종교적 예식과 행위는 하지만 그 마음에는 율법의 중심인 사랑과 자비는 없습니다. 그들은 율법이 깨끗하지 않다 말하는 작은 하루살이는 먹지 않으려고 애를 씁니다. 하지만, 이와 동일하게 율법이 깨끗하지 않다 말하는 큰 낙타는 먹는 위선과 불법을 행하는 더러운 자입니다(레 11:4, 23:24). 예수님은 그들을 겉은 아름답게 보이지만 그 안은 죽은 사람의 뼈와 모든 더러운 것이 가득한 회칠한 무덤 같다고 합니다(마 23:27). 오직 마음과 삶 전체에 하나님의 말씀을 담는 이가 마음이 청결한 사람입니다.

그들만이 하늘나라에 들어가 하나님을 보며 행복하고 잘 사는 사람입니다. 하나님을 볼 수 있도록 마음이 청결한 사람으로 우리를 부르신 주님께 감사합니다.

행복하고 잘 사는 사람은 누구일까요? 예수님은 화평하게 하는 사람이 행복한 사람이라고 말씀하십니다. 그들이 하나님의 아들이라 불리워질 것이기 때문입니다. 화평하게 하는 사람의 모본은 예수님입니다. 세상은 하나님을 향해 죄를 짓고 그를 떠나고 원수로 여깁니다. 하지만, 예수님은 세상에 오시어 세상의 죄를 용서하기 위해 십자가에 죽으십니다. 그의 십자가의 피로 땅과 하늘의 모든 만물과 하나님 사이에 평화를 만드십니다(골 1:20). 사탄을 상하게 하며 세상과 하나님을 화평하게 합니다(롬 16:20). 예수님이 보여주시듯이 평화를 만드는 일이란 목숨을 다해 희생하고 섬기는 것으로 가능합니다. 또한, 예수님이 말씀하시는 화평하게 하는 사람은 평강의 왕인 예수님을 전하는 사람입니다(히 7:2). 하나님과 원수 된 세상을 화평하게 하신 평강의 왕 예수님을 전하여 하나님과 세상을 화평하게 하는 사람입니다(마 10:12-13).

예수님은 평화를 만드는 또 다른 구체적인 방법을 알려주십니다. 그것은 황금률입니다. 누구든지 하나님과 다른 사람이 자기에게 행하여 주기 원하는 대로 하나님과 다른 사람에게 행한다면 완전한 평화가 이루어질 것입니다. 하나님이 먼저 황금률을 실천하여 우리와 당신 사이의 평화를 만드셨습니다. 하나님은 자기 생명보다 귀한 그의 아들의 목숨으로 우리를 대접하셨습니다. 예수님은 아버지의 뜻대로 십자가에 죽으시고 그의 생명으로 우리를 대접하셨습니다. 우리를 생명으로 대접하신 하나님과 예수님은 우리에게 생명으로 대접받기 원하십니다(마 10:39). 우리를 생명으로 대접하신 하나님과 예수님을 기억하고 우리도 마음과 몸과 뜻을 다해 그들을 대접하는 것이 마땅합니다. 또한, 하나님을 사랑하고 이웃을 사랑하라는 계명처럼 생명으로 하나님과 이웃을 대접하는 것이 옳습니다. 적당한 대접이 아니라 평강의 왕이신 예수님께 받고 배운 대로 생명으로 대접하는 것입니다. 서로가 서로를 생명으로 대접한다면 세상에 화평이 넘칠 것입니다. 생명으로 대접하여 생명으로 대접받는 평화가 가득한 세상을 만들어가는 우리는 평강의 왕이신 하나님의 아들이라 불리우는 영광을 얻을 것입니다. 이와 같은 영광을 얻는 인생보다 행복하고 잘 사는 인생은 없을 것입니다. 생명으로 대접해주신 주님께 감사하며 생명으로 하나님과 이웃을 대접해 평강을 만들어 가는 감사절이 되길 기도합니다.

26 "청결한 자"라 번역된 단어는 카싸로스(καθαρός)이다. '순수한', '섞이지 않은', '타락하지 않은', '깨끗한'이라는 의미이다. 카싸로스는 정한 것과 부정한 것을 구별하는 구약 정결 법에서 '정한 것' 혹은 '깨끗한 것'을 가리키는 단어이다. "마음"이라 번역된 단어는 카르디아(καρδία)로, '심장', '가슴', '마음'이라는 의미이다. 심장, 가슴, 마음이라는 단어 자체가 시사하듯, 몸의 중심 혹은 마음의 중심을 의미한다. 고대의 일반적 개념에서, 마음과 행위, 또는 마음과 삶은 구분되지 않는다. 그렇게 볼 때, "마음이 청결한 사람"이란, 사람의 중심인 마음과 그 중심이 지배하는 행실과 삶이 깨끗한 사람을 의미한다. 죄로 겉과 속이 더럽혀지지 않은 자, 죄 없이 깨끗한 사람을 의미한다. 예수님이 단순히 정한 사람, 혹은 청결한 사람이 아니라, 마음이 청결한 사람이라고 꼭 집어서 말씀하시는 이유가 있다. 예수님 당시에 유대 종교 지도자들을 비롯한 많은 유대인이 마음이 아닌 외형적으로만 정결을 추구했기 때문이다. 겉으로 보기에 그들은 율법의 정결 규례를 잘 지키는 '청결한' 사람이지만, 마음속은 가득 찬 죄악으로 인해 부정하다. 그들의 마음이 더러운 것은, 정결 법 외의 더 중한 계명들을 지키지 않는 삶에서 드러난다. 예수님은 이런 이스라엘 가운데 오셔서 돌이키라 선포하신다. 겉을 깨끗하게 하였다가 스스로 정결한 하나님의 백성이라고 생각하지 말고, 오직 그 마음을 돌이켜 속과 겉이 모두 정결한 주의 백성이 되라고 외치신다(마 3:7-10 참고). 오직 마음과 삶 모두를 예수님과 그의 말씀으로 돌이켜 하늘나라 백성으로 살게 하시는 예수님께 감사하라. 그들이 하나님을 보게 될 행복한 사람이다(요일 3:2-3)!

27 "화평하게 하는 자"라 번역된 단어는 에이레네포이오스(εἰρηνοποιός)이다. '평화'를 의미하는 에이레네와 '만들다', '행하다', '맺다'라는 의미의 동사 포이에오(ποιέω)의 합성어(compound verb)로, '평화를 만드는 사람', '평화를 행하는 사람', '평화를 (열매로) 맺는 사람'의 의미를 지닌다. 특히, '행하다', 혹은 '(열매) 맺다'라는 뜻의 헬라어 동사 포이에오는 율법을 '행하다', 하나님의 의를 '행하다'(마 5:19, 7:12), 회개·돌이킴의 열매를 '맺다'(마 3:8), 좋은 열매를 '맺다'(마 3:10, 12:33) 등과 같은 맥락에서 예수님이 상당히 자주 사용하신다. 이는 마 5:9의 평화를 만드는 것이 예수님이 수없이 강조하시는 하나님의 말씀을 행하는 것의 일부임을 시사한다. 특히, 마 7:12의 황금률은 포이에오를 두 번 사용한다. 개역개정은 동사 포이에오를 "대접을 받고"와 "대접하라"로 의역하지만, '남이 나에게 행하여 주기 원하는 그대로 남에게 행하라'는 것이 그 의미이다. "무엇이든지 남이 나에게 행하여 주기 원하는 대로 너희도 남에게 행하라 이것이 율법이요 선지자니라"라는 황금률 자체가 하나님과 사람 사이, 그리고 사람과 사람 사이에 평화를 만드는 가장 구체적이고도 최종적인 명령이다. 누구든지 하나님께 대접받기 원하는 대로 하나님을 대접하고, 남에게 대접받기 원하는 대로 남을 대접한다면 온전한 평화가 이루어질 것이다. 중요한 한 가지 사실은 마 7:12의 황금률이 산상수훈 전체(그리고 율법과 선지자, 즉 전체 구약 성경 전체)를 요약한다는 사실이다. 이는 황금률을 통해 평화를 만드는 것이 산상수훈과 구약 전체의 주된 강조점임을 시사한다. 하나님은 하나님과 인간, 그리고 인간과 인간 사이의 평화를 매우 중요하게 여기신다. 그리고 예수님은 산상수훈에서 이 평화를 만드는 일을 매우 중요하게 가르치신다. 나아가, 성경은 "사람과 사람 사이의 평화를 만드는 구체적 지침을 제공한다. 제물(예배)을 드리기 전에 소원해진 형제와 먼저 화목하라, 원수를 사랑하라, 형제를 사랑하라, 서로 먼저 존경(존중)하라, 성도를 대접하라, 박해하는 자를 축복하라, 악을 악으로 갚지 말라, 사람들 사이에서 선한 일을 도모하라"고 가르친다(마 5:21-48, 10:12-13; 롬 12:11-18 참조).

묵상과 적용을 위한 질문

1. 여러분의 마음과 삶에는 무엇이 담겨 있나요? 여러분의 마음과 삶을 더럽게 하는, 끊어야 할 죄가 있다면 무엇인가요? 또한, 여러분의 마음과 삶을 청결하게 하기 위해 구체적으로, 집중적으로 담아야 할 하나님의 말씀(가르침)이 있다면 무엇인가요?

2. 여러분 주위에 예수님의 평화가 필요한 곳은 구체적으로 어디인가요? 남이 나를 대접해 주기 원하는 그대로 남을 대접하라는 황금률의 말씀을 어떻게 구체적으로 삶 가운데 실천하며 평화를 이룰 수 있을까요?

___

___

___

 나만의 묵상 메모

오늘 묵상을 통해 주신 깨달음에 대해 직접 기록해 보세요.

___

___

___

저자와 함께 하는 한 줄 기도

하나님의 말씀으로 충만한 청결한 삶을 살게 하시고, 평화를 이루는 인생이 되게 하소서.

 기도와 결단

오늘 묵상한 말씀의 적용과 삶의 결단을 담아 자신의 기도를 적어보세요.

_____

_____

_____

_____

의와 예수님을 위하여 핍박 받지만 하늘나라와 많은 상을 받는 행복한 인생에 대한 감사

 오늘의 본문
마 5:10-12

5:10 의를 위하여 박해를 받은 자는 ²⁸복이 있나니 천국이 그들의 것임이라
5:11 나로 말미암아 너희를 욕하고 박해하고 거짓으로 너희를 거슬러 모든 악한 말을 할 때에는 너희에게 복이 있나니
5:12 기뻐하고 즐거워하라 하늘에서 너희의 상이 큼이라 ²⁹너희 전에 있던 선지자들도 이같이 박해하였느니라

∘• 저자 해설 및 묵상 •∘

행복이란 무엇이고 잘 사는 인생이란 어떤 것일까요? 예수님은 의를 위해 박해를 받는 사람과 의의 모본인 자신을 인하여 욕을 듣고 박해당하고 거짓으로 악한 말을 듣는 사람이 행복하고 잘 사는 사람이라고 선포하십니다. 의란 한자어 그대로 '옳음' 혹은 '바름'을 의미합니다. 세상에 유일하게 옳고 바른 것이 있다면 그것은 하나님의 말씀입니다. 하나님만이 오류가 없이 완전하신 분이기 때문입니다. 그러나 모든 사람이 그렇게 생각하는 것은 아닙니다. 하나님을 떠난 세상은 자기 기준대로 '의', 즉 옳고 그름을 정합니다. 불완전한 사람이 정하는 '옳음'이기 때문에 불완전할 수밖에 없습니다. 완전한 하나님의 의에 비추어 보니 불

완전한 세상의 의는 언제나 틀립니다. 그러니 세상에게 하나님의 의로운 말씀은 거치는 것이 됩니다(창 6:5). 그 결과는 하나님의 말씀과 그것을 따르는 예수님과 제자들을 향한 박해와 핍박입니다.

예를 들어, 침례(세례) 요한은 이스라엘의 의를 위해 광야에서 돌이키라 외쳤습니다. 요한은 많은 바리새인과 서기관들을 독사의 자식들이라고 부르며 그들의 불의를 책망하고 그에 따른 임박한 하나님의 심판을 선포합니다(마 3:7-10). 바리새인, 사두개인, 서기관, 제사장들은 양을 억압하고 착취하는 눈먼 인도자요, 겉으로는 하나님을 예배하지만 그 마음은 먼 외식하는 불의한 자들입니다. 또한, 요한은 이스라엘 왕인 헤롯이 그 동생의 아내를 빼앗은 일로 옳지 않다 외칩니다. 그는 의를 위해 싸웠고 결국 옥에 갇히는 박해를 당합니다(마 14:3-5). 예수님도 그와 같습니다. 예수님은 이스라엘의 불신앙과 불의를 책망하시며 하나님의 온전한 뜻을 가르치고 순종하게 합니다(마 5:17-8:1). 당시 만연한 하나님의 말씀(율법과 선지자)에 대한 인위적이고 악의적인 해석과 적용을 비판합니다. 결국, 예수님은 그로 인해 박해를 받고 죽임을 당합니다.

예수님의 십자가 죽음은 하나님의 의와 뜻을 위해 박해받는 행복하고 잘 사는 사람의 모본입니다. 예수님은 박해를 받아 십자가에 달리셨지만, 그것은 하나님의 의를 이루기 위한 것이었습니다. 예수님은 하나님의 뜻대로 스스로를 낮추고 십자가에서 죽어 세상을 섬기시고 생명을 주십니다. 예수님이 실천하신 겸손, 섬김, 희생의 하나님의 의와 뜻을 구하고, 그 모본인 예수님 때문에 박해받는 사람이 행복하고 잘 사는 사람입니다. 하늘나라가 그들의 것이고 하늘에서 보상을 많이 받을 것이기 때문입니다. 세상은 돈이 많은 사람을 행복하고 잘 사는 사람이라 말하지만, 예수님은 하나님의 의와 자신을 위해 박해당하고 하늘나라와 하나님이 주시는 보수를 받는 사람이 행복하고 잘 사는 인생이라고 선포하십니다. 하나님의 의와 뜻을 따라 낮은 곳에서 섬기고 희생하며 멸시 천대받고 박해당하는 여러분들은 기뻐하고 즐거워하십시오. 하늘나라에서 받을 보상이 많습니다. 예수님께서 말씀하시는 이 위로의 메세지를 기억하고 조금만 더 견디십시오.

지난 며칠 간의 묵상을 돌아보며 아홉 가지 복을 주시고 아홉 가지 행복하고 잘 사는 사람으로 우리를 불러주신 주님께 감사하길 바랍니다. 우리는 세상 모든 것을 뒤로하고 예수님께 돌이켜 그를 따르는 행복하고 잘 사는 제자입니다. 세상이 줄 수 없는 가장 값진 하늘나라의 복을 아홉 가지나 받기 때문입니다. 하늘나라가 우리 것이며, 그 나라에서 안위(기도 응답)를 얻고, 땅도 상속받습니다. 하늘나라에 가득한 의로 배부를 것이고, 긍휼히 여김 받을 것입니다. 하늘나라에 들어가 하나님을 친히 보고, 하나님의 자녀라고 불릴 것입니다. 하늘나라에서 많은 삯을 받아 기쁘고 즐겁습니다. 세상 나라에서 하늘나라로 돌이켜 이 아홉 가지 축복을 받는 우리의 행복하고 잘 사는 삶은 세상이 말하는 것과는 전혀 다릅니다. 세상 모든 것을 뒤로하고 예수님께 돌이켰기에 우리의 심령은 세상에 대하여 가난하고 하늘나라에 대하여 부합니다. 세상은 크고 높은 곳에서 군림하려 하지만 우리는 작고 낮은 겸손의 자리에서 가진 것을 나누어 주며 섬깁니다. 세상은 힘으로 이웃을 억압하여 애통하게 하지만 우리는 약자의 입장에서 애통해하며 하나님께 기도합니다. 세상은 불의하여 하나님을 버리고 작고 낮은 사람을 착취하지만, 우리는 의에 주리고 목말라 하나님을 섬기고 작고 낮은 사람에게 베풉니다. 세상은 작고 낮은 사람을 긍휼히 여기지 않지만, 우리는 긍휼히 여기고 돌봅니다. 세상은 사람들에게 보이기 위해 겉으로는 깨끗한 척하지만 마음은 죄로 더럽습니다. 하지만, 우리는 겉모습만이 아니라 마음까지도 죄로 더럽히지 않고 하나님의 말씀을 지킴으로 청결합니다. 세상은 하나님을 싫어하고 사람을 미워하며 불화를 만들지만, 우리는 하나님을 사랑하고 사람을 사랑하며 목숨을 주는 대접으로 평화를 만듭니다. 세상은 의를 가벼이 여기지만, 우리는 의를 위해 박해를 받을 만큼 중요하게 여깁니다. 세상은 예수님을 죽이지만, 우리는 그를 인해 욕을 듣고 박해당하고 거짓으로 악한 말을 들을 만큼 사랑합니다. 이 아홉 가지 축복과 아홉 가지 행복하고 잘 사는 삶에 대한 예수님의 가르침을 마음에 새기고 기억하여 항상 감사하는 인생을 살아가시길 기도합니다. 이번 감사절이 이 축복과 행복의 삶으로 나아가는 전환점이 되길 기도합니다.

28 "박해를 받은 자"라 번역된 해당 동사는 디오코(διώκω)이다. '피신하게 만들다', '악의와 격심한 증오를 가지고 쫓다', '박해하다', '학대하다'라는 의미의 동사다. 박해의 옛 모델은 이스라엘의 선지자들이 당한 순교다(마 23:30-39). 하나님은 오랜 기간 반복적으로 범죄하는 이스라엘을 회복하고 그의 백성을 다시 모으려고 선지자들을 보내신다. 하지만, 이스라엘은 하나님도, 선지자도 원하지 않고 박해하고 죽인다. 이 박해의 최종 모델은 하나님의 아들, 예수님이 당한 죽음이다. 예수님은 이스라엘과 세상을 다시 회복하려는 하나님의 의로운 뜻을 위해 세상에 오셨다. 하늘나라가 임하였음을 선포하시니 많은 사람들이 예수님께 돌이켜 하늘나라를 소유하는 백성이 되었다. 하지만 그보다 더 많은 사람들이 예수님을 증오하고 박해하여 죽인다. 사람들은 예수님의 말씀대로 이 동네에서 저 동네로 쫓아다니며 그를 박해하고 죽이려 하였다(마 23:34). 이 박해는 제자들에게도 적용된다. 예수님은 마 10에서 제자들을 세상에 보내시며 하늘나라가 임하였음을 선포하게 하신다. 그리고 세상이 그들을 미워하고 박해할 것임을 미리 말씀하신다(마 10:16-22). 예수님은 죽음의 위협에 노출된 제자들의 상황을 이리 떼에 둘러싸인 양에 비유하신다(마 10:16). 이 같은 박해 가운데 제자들은 어떻게 처세해야 하는가? 예수님은 뱀같이 지혜롭고 비둘기같이 순결하라고 하신다(마 10:16). 이리 떼에 둘러싸여 죽음이 목전에 있고 어디로 피할 수 없는 상황에 놓였을 때, 뱀같이 지혜롭다는 것은 무슨 의미일까? 그 것은 뱀같이 약삭빠르게 행하라는 것, 즉 더 나은 미래를 계산하는 것이다. 당장 죽음의 위기를 벗어나기 위해 예수를 부인하는 것이 아니라, 오히려 예수를 시인하고 죽어 더 나은 미래의 영원한 생명을 얻는 것이다(마 10:39). 이 땅에서의 생명과 영원한 생명 중 비교할 수없이 더 이득인 후자를 선택하는 것이다. 예수님이 가르치신 대로, 몸은 죽일 수 있는 사람을 두려워하는 것이 아니라 몸과 영혼 모두를 멸하실 수 있는 하나님을 두려워하는 것이다. 비둘기같이 순결하다는 것은 무슨 의미일까? 그것은 죽음이 눈앞에 있을지언정 지저분한 것(예수님을 부인하는 죄)을 자신에게 묻지 않는 것이다. 죽음의 위기 앞에 예수님을 시인해 깨끗하게 하고 더 이득인 영생을 얻는 것이다. 예수님은 반복해서 박해와 죽음의 위협 앞에 겁 없이 살라고, "두려워하지 말라(마 10:26, 31)"고 말씀하신다.

29 "상"이라 번역된 단어는 미스쏘스(μισθός)이다. '임금', '보수', '보상'을 의미한다. 예를 들어, 마 20:8의 포도원 품꾼 비유에서 미스쏘스는 품꾼들이 포도원에서 일한 댓가로 받는 "삯"으로 번역된다. 마 10:41-42에서는 선지가가 그 일한 대가로 받는 보수, 의인이 의로운 행실을 한 대가로 받는 보수, 작은 자에게 행한 일에 대한 대가로 받는 보수를 의미한다. "큼"이라 번역된 단어는 폴루스(πολύς)로 양적 혹은 수적으로 '많음'을 의미한다. 오늘 본문의 '많은 상'은 의와 예수님으로 인해 박해를 받고 욕과 악한 말을 들으며 고통 당하는 제자들을 향한 예수님의 위로의 말씀이다. 지금 하나님의 의와 예수님으로 인해 고통당하지만 하늘나라에서 많은 보상을 받는 사람이 행복한 사람이다.

묵상과 적용을 위한 질문

1. 하나님이 원하시는 의로운 일을 행하고 또 그 의의 모본이신 예수님을 따름으로 말미암아 어려움과 고난을 당한 경험이 있나요? 구체적으로 어떤 일이었나요?
2. 여러분은 예수님이 주시는 축복을 반영하는, 진정으로 행복한 삶을 살고 있나요?

_____
_____
_____
_____

나만의 묵상 메모

오늘 묵상을 통해 주신 깨달음에 대해 직접 기록해 보세요.

_____
_____
_____

저자와 함께 하는 한 줄 기도

제 삶이 주님이 가르치신 '복'을 반영하는, 참으로 행복한 인생이 되게 해 주소서.

 기도와 결단

오늘 묵상한 말씀의 적용과 삶의 결단을 담아 자신의 기도를 적어보세요.

_____

_____

_____

_____

21 Days of Reflection on God's Word

∘•∘ 나가면서

　이번 묵상 여정의 첫 주간에 묵상한 시편 136편은 출애굽, 광야생활, 가나안 정복과 정착, 그리고 시편 기자 당대의 상황까지(시 136:10-24) 하나님의 백성이 하나님과 함께 한 여정을 다루고 있습니다. 이스라엘 백성에게 '절체절명의 시점'으로 느껴지는 순간들이 여럿 있었겠으나, 뒤돌아볼 때 그 모든 순간순간은 결국 하나님과 함께 하는 여정의 일부임을 보게 됩니다.

　우리의 인생 역시 하나님과 함께 하는 여정입니다. 지나 놓고 보면 많이 일들이 그저 추억으로 다가오지만, 보통 매일매일의 삶은 그리 만만치 않고 치열하며 버겁게 느껴집니다. 그러나 우리가 매일의 삶에서 경험하는 크고 작은 도전과 어려움을 통해서 주님은 우리를 빚어 가십니다. 우리 주변에 있는 이들이 취한 행동과 선택, 그리고 우리 자신의 행동과 선택이 늘 하나님을 기쁘시게 하는 것이라는 말은 결코 아닙니다. 그러나 주님은 모든 것이 합력하여 선을 이루게 하시며, 그 모든 과정 가운데 우리를 신비롭게 빚어 가십니다. 우리가 경험하는 기쁘고 영광스러운 순간, 그리고 고되고 쓰라린 순간, 또 그 가운데 경험한 모든 일이 하나님 그분과 함께 하는 복되고 신비로운 여정에 속해 있습니다. 물론 순간순간이 너무나 중요하지만, 우리 삶 전체에 걸쳐 주님과 동행하며 나아가는 것보다 그리고 그 여정 가운데 주님의 크신 은혜에 대한 감

나를 일으켜 세우는 감사

사함을 중심에 잘 간직하고 살아가는 것보다 더 소중한 일이 있을까요?

우리의 감사가 혹시라도 <바리새인과 세리의 비유>에 등장하는 그 바리새인의 왜곡된 감사처럼 교만함과 우월감 그리고 종교적 허례허식으로 점철되는 일이 없기를 간절히 기도합니다(눅 18:10-13). 성도의 감사는 "나를 사랑하사 나를 위하여 자기 자신을 버리신 하나님의 아들"(갈 2:20)을 겸손히 의존하는 자의 감격 그 자체입니다. 성도의 감사는 주께서 장차 그의 신실한 백성을 신원하시고 상 주시며, 악의 세력과 그에 동조한 이들을 의롭게 심판하시고, 약속하신 새 하늘과 새 땅이 도래케 하실 것에 대한 믿음의 찬가입니다.

그간 함께 했던 21일 감사 묵상 여정은 이제 막을 내리지만, 우리 인생의 감사 여정은 더욱 새롭게 시작합니다. 사실 영원을 향한 우리의 감사 여정은 이제 그저 걸음마 단계입니다.

Soli Deo Gloria (오직 하나님께 영광을)

2020년 9월

이장렬, 이충재

부록

21 Days

일간의
말씀묵상

부록 1
더 깊은 묵상을 위한 가이드(주별 활용)

부록 2
"모든 육체에게 먹을 것을 주신 이"(시 136:25)

부록 3
목회자와 성도들을 위한 '응원가'

부록 1

더 깊은 묵상을 위한 가이드(주별 활용)

> 한 주간(1주, 2주, 3주 차 별로) 묵상했던 본문을 독자께서 직접 더 깊이 묵상하고 더 깊은 기도의 자리로 나아가는 시간입니다. 먼저 해당 본문을 천천히 기도하는 마음으로 읽으시고 그 가운데 주님의 인도하심을 따라 더 깊이 있는 말씀 묵상과 기도의 자리로 나아가시기 바랍니다. 다음의 질문들이 묵상과 기도에 도움이 되실 것입니다.

- 지난 한 주간 묵상했던 내용 중 특별히 더 주목하게 되는 부분은 무엇입니까? 지난 한 주간 깨닫지 못했는데 새롭게 깨닫게 된 부분은 무엇입니까?

  _____

  _____

- 지난 한 주간 깨달은 내용 중 그간 실천한 것은 무엇입니까? 그렇게 실천하는 과정에서 무엇을 새롭게 경험했습니까?

  _____

  _____

- 실천하는 과정에서 어려웠던 것은 또 무엇입니까? 지난 한 주간 깨달은 내용 중 제대로 실천하지 못했거나 잊어버렸던 것은 무엇입니까?

_____

_____

- 지난 한 주간 깨달은 것과 실천할 수 있었던 것에 대해 주님께 감사의 기도와 찬양을 드리시기 바랍니다. 아직 실천하지 않고 있거나 실천함에 있어 어려움이 있는 것들에 대해서는 힘과 지혜를 주셔서 실천할 수 있게 해 달라고 주님께 간구하세요.

_____

_____

_____

_____

_____

_____

- 그 외의 묵상 내용과 기도에 대해서 자유롭게 적어보세요.

💡 **더 깊은 묵상**

_____
_____
_____

💡 **더 깊은 기도**

_____
_____
_____

위의 내용을 활용하셔서 묵상 나눔을 가지시기를 추천합니다. 묵상 나눔은 줌(Zoom)이나 카카오톡 단톡방을 통해 비대면으로 진행하실 수도 있고, 또 방역수칙을 철저히 준수하면서 대면으로 진행할 수도 있습니다.

부록 2

"모든 육체에게 먹을 것을 주신 이"

(시 136:25)

본서 제6일차 묵상에서 "모든 육체에게 먹을 것을 주신 이"(시 136:25)에 대한 언급을 했지만, 지면 상의 제약으로 원하는 만큼 이를 충분히 다루지 못했습니다. 부록 2에서는 그에 관련된 추가 내용을 제시합니다.

하나님을 모든 육체에게 먹을 것을 주시는 하늘의 하나님으로 안다는 것에는 몇 가지 뜻(함의)이 담겨 있습니다. 첫째로, 하나님을 모든 육체에게 먹을 것을 주시는 하늘의 하나님으로 아는 것은 그분을 온 하늘과 땅의 창조주로 인정한다는 뜻입니다. 하나님은 그저 이스라엘의 부족신이나 국가신이 아니라, 온 우주를 창조하시고 다스리시며 인류의 역사를 주관하시는 분이십니다(사 40-66 참조). 바울이 말한 대로, 유대인의 참 하나님과 이방인의 참 하나님은 다른 분이 아닙니다. 살아 계신 참 하나님은 오직 한 분이시기 때문입니다(롬 3:29; 엡 2, 4 참조).

둘째로, 하나님을 모든 육체에게 먹을 것을 주시는 하늘의 하나님으로 아는 것은 하나님의 백성으로 구별 받은 부르심이 그저 자신들만 잘 되기 위해서가 아니라 열방이 잘 되기 위한 것이라는 사실을 확인해 줍니다(창 12:3 참조). 하나님은 그저 그들만 잘 되라고 이스라엘을 선택해 주신 것이 아니라 그들을 통해 열방이 복을 받으라고 이스라엘을 택해 주셨습니다. 복의 배타적 보관자가 아니라 너그러운 유통자가 되는 것이 하나님 백성의 사명입니다.

셋째로, 하나님을 모든 육체에게 먹을 것을 주시는 하늘의 하나님으로 아는 것은 결국 열방을 향한 하나님의 통치(즉, '하나님의 나라'), 그러니까 사회와 우주를 관통하고 포괄하는 하나님의 신비로운 다스림을 받아들인다는 의미입니다. 우리 모두 어느 정도는 '쪼잔한' 마음을 가지고 자꾸 편을 가르려는 경향이 있는데, 우리 하나님은 그런 분이 아니십니다. "너희는 유대인이나 헬라인이나 종이나 자유인이나 남자나 여자나 다 그리스도 예수 안에서 하나이니라"(갈 3:28).

아직 한 두 가지 더 부연설명할 것이 있습니다. 개역개정은 시 136:25에서 "모든 육체에게 먹을 것을 주신 이"라고 번역하고 있는데, 이 부분은 "모든 육체에게 먹을 것을 주시는 이"로 번역하는 것이 더 정확합니다. 여기서 '주신다'는 과거가 아니라 현재의 행동입니다. 또는 시간에 국한되지 않는 하나님의 지속적이고 신실하신 행동을 가리킨다고 말할 수 있습니다. 시편 기자는 과거에 조상들에게 베푸신 하나님의 역사(시 136:10-22) 그리고 하나님이 자신과 공동체에 베푸신 역사(시 136:23-24)에 근거하여, 그의 다스림과 돌보심이 지금도 여전히 지속되고 있음을 믿음으로 고백합니다. 이것이 매우 중요합니다. 과거에는 믿음으로 충만했다가도 시간이 흐르면서 신앙이 시들해지는 경우가 종종 있기 때문입니다. 우리 역시 시편 기자처럼 하나님의 말씀에 근거하고 또 그 말씀대로 하나님이 우리를 만나주신 일에 비추어, 하나님이 지금도 우리를 여전히 붙들고 계시며 돌보아 주시고 다스려 주심을 확신해야 합니다.

그런데 하나님의 돌보심, 공급하심, 다스려 주심은 많은 경우 그의 충성된 종들(천사 그리고 순종하는 성도)을 매개로 하여 이뤄집니다. 하나님은 우주를 다스리심에 있어 혼자 다 직접 처리하시지 않고 그의 종들을 참여시키십니다. 천군천사와 그의 백성을 통해서 일하십니다. 하나님께서 혼자 다 하시면 더 쉽고 빠르고 좋을 것입니다. 아니면 인간은 배제하시고 천군천사들만 참여시키면 더 나을 것입니다. 그런데 하나님은 굳이 우리처럼 연약하고 부족한 인간들을 참여시키셔서 당신과 진정한 관계를 맺어 가게 하시고 우리 가운데서 참된 공동체를 이뤄가게 하십니다. 그리스도를 닮아가게 하시고, 하나님이 지으신 의도에 입각한 참 인간 됨을 이뤄가게 하십니다. 우리의 연약함과 부족함에도 불구하고 하나님은 우리와 함께 그리고 우리를 통해 일하십니다.

사실 우리 각자가 할 수 있는 일은 적습니다. 우리가 속한 지역 교회가 할 수 있는 일 역시 -정도의 차이가 있을지언정- 분명 한계를 갖고 있습니다. 그러나 우리가 하나님께 순종할 때 주께서 우리의 작은 순종들을 신비롭게 통합하셔서 영적 폭발력을 지니게 하시고 이를 통해 하나님 나라의 일을 놀랍게 이뤄가십니다. 그렇기에 우리에게 맡기신 작은 일에 충성해야 합니다. 그것이 바로 우주의 창조자요 통치자이신 하나님을 섬기는 길입니다. 그것이 바로 모든 육체에 먹을 것을 주시는 하늘의 하나님을 섬기는 방법입니다. 우리가 이렇게 하나님을 섬기며 살 수 있다는 것 자체(그리고 하나님께서 우리를 그의 통치의 도구요 공급하심과 돌보심의 도구로 사용해 주신다는 것 자체)가 놀라운 특권이요 축복입니다. 동시에 이는 우리에게 거룩한 책임감을 부여합니다. 모든 육체에게 먹을 것을 주시는 하늘의 하나님을 섬기는 자들로서, 오늘 우리에게 주어진 삶의 현장에서 어떻게 행해야 할지에 대한 거룩한 고민과 그에 상응하는 책임 있는 행동이 우리 안에 충만하기를 간구하고 갈구합니다.

부록 3

목회자와 성도들을 위한 '응원가'

> 이하의 내용은 '감사'라는 주제와 직접적 또는 명시적으로 연관되어 있지는 않지만, 최근 팬데믹 및 그와 관련된 여러 상황으로 인해 크고 작은 여러 어려움을 겪고 있는 성도와 목회자를 격려하고자 특별히 추가했음을 밝혀 둔다.

응원가 #1
"저는 간호사거든요": 행동을 낳는 소명 의식

  COVID-19 같은 재난이 갑자기 닥치면 모든 사람에겐 끈질긴 생존 의식이 발현되기 마련이다. 그래서 남을 살피기보다 자신과 자기 가족을 돌보는 데 급급하게 된다. 미국 내에서 COVID-19의 집단 발병이 처음 일어난 곳은 북서부 워싱턴 주(Washington State)의 요양원들이었다. 그때 한 요양원에 자원해서 들어가 의료활동을 했던 여성 간호사를 뉴스에서 인터뷰했다. 인터뷰 진행자가 다음과 같이 질문했다.

  "왜 굳이 거기 들어가셨나요? 그럴 필요까지는 없지 않았나요?"

  그 간호사는 갑자기 눈물을 글썽이며 이렇게 답했다.

  "저는 간호사거든요."

  별생각 없이 TV를 보고 있던 내 눈에도 슬며시 눈물이 고였.

  필자에게는 이 간호사의 이야기가 그리스도인이 현시점을 어떻게 살아야 할지 보여주는 하나의 유비적 사건(analogical event)으로 다가온다. 소명 의식은 행동을 양산한다. 이 간호사의 소명 의식은 용기 있는 희생적 행동을 낳았다. 그리고 그의 용기 있는 행동은 오늘 우리가 피하고 싶어 하나, 결코 피할 수 없는 질문을 제기한다. COVID-19가 주는 여러 도전과 다양한 어려움을 피부로 경험하고 있는 이 시기에 '하나님을 위해 구별된(set-apart) 자'로 부름받은 성도의 소명의식이 과연 우리를 거룩하게 추동하고 있는가? 대부분의 사람들이 그렇듯, 성도인 우리 역시 자신과 가족의 생존을 위해서만 몸부림치고 있는 것은 아닌가?

COVID-19로 인한 금번의 도전과 위기를 그저 가볍게 여겨도 좋다는 말을 하는 것이 아니다. 하지만 그런 도전과 위기가 우리로 하여금 성도로서 살지 않아도 될 예외를 허락해 주지는 않는다. 오히려 현재의 위기와 도전은 '그리스도인으로 살아간다'는 것이 무엇을 의미하는지 재확인하고, 그렇게 확인된 의미를 삶의 현장에서 구체적으로 시연할 수 있는 절호의 기회를 제공한다. COVID-19의 크고 작은 여파 한복판에서 우리를 위해 모든 것 내어 주시고 자신을 희생하신 예수 그리스도 그분을 우리는 진정 따르고 있는가? 많은 사람이 고통받고 있는 이 시간에 주님의 본을 따라 타인을 위해 손해 보고 희생하는, 그 의미있는 몸짓이 과연 우리에게 존재하는가? 아니면 우리는 오직 자신과 가족의 건강과 경제적 생존을 챙기는 일에 급급한가?

자신과 가족의 건강, 그리고 경제적 생존을 챙기는 일이 중요하지 않다는 뜻은 아니다. 그러나 이 일들을 챙기는 것이 지금 우리의 관심사의 전부라면, 우리의 제자도가 현재 시제(present tense)가 아님이 분명하다. COVID-19가 가져온 다양한 도전들은 각각의 상황에 적합한 구체적인 행동을 요구하지만, 우리가 처한 환경의 다양성 가운데 공통의 진리가 있으니, 그 어떤 상황 가운데도 우리가 주 예수의 사람으로 살아야 한다는 바로 그 사실이다.

사도 바울은 에베소 성도들에게 보낸 편지에서 하나님의 은혜로 얻은 구원(엡 1-3)에 대해 설명한 후 편지 수신자들을 향해 "너희가 부르심을 받은 일에 합당하게 행하여"(엡 4:1)라고 역동적으로 권면한다. 여기서 바울은 특정 직업과 관련된 소명에 관해 언급하는 것이 아니다. 그는 하나님의 은혜로 구원받은 성도의 고귀한 사명에 대해 말하고 있다. 하나님의 백성이 되고 주님의 권속이 되도록 영광스러운 부르심을 받았다면, 마땅히 그에 합당하게 살아야 한다는 말이다. 그렇게 성도 간에 사랑과 연합의 관계를 힘써 지키고(엡 4:1-16), 주변에서 누가 어떻게 살든지 거기 휘둘리지 말고 '빛'에 속한 자로 살며(엡 4:17-5:20), 그리스도인답게(즉, 예수님을 주로 모시는 자 답게) 가족을 사랑하고 존중하며(엡 5:21-6:9), '답답할 정도로' 신앙의 근본에 충실함으로써 하나님이 그리스도를 통해 이미 주신 그 승리를 삶의 현장에서 치열하게 살아내라는 것이다(엡 6:10-20). 그리고 무엇보다 "그리스도께서 너희를 사랑하신 것 같이 너희도 (희생적인) 사랑 가운데서 행하라"는 것이다(엡 5:2).

COVID-19의 여파 가운데 우리는 이 시기를 어떻게 살아가고 있는가? 글로벌 팬데믹(Global Pandemic)의 시대 한복판에서 성도로 부름받은 은혜의 소명이 지금 우리의 삶을 통해 어떻게 표현되고 있는가? "왜 굳이 그렇게까지 손해를 보고 희생하셨어요? 그럴 필요 없었잖아요?"라고 누군가 우리에게 말하는 일들이 좀 자주 있으면 좋겠다. 그때 우리가 바리새인 같은 허영심과 종교적 자만심에 들떠서가 아니라, 하나님께서 성도로 불러 주신 그 은혜롭고 영광스러운 소명에 감격해서 "저는 그리스도인이거든요"라고 답할 수 있으면 좋겠다.

행동을 낳는 소명 의식이 성도들에게 절실히 요구되는 시기다. COVID-19로 인해 삶의 무게가 여러모로 무겁더라도 우리가 주 예수의 사람으로 오늘을 살 수 있기를 간구한다. 지금 상황이 어렵더라도 우리가 이 시기를 그리스도의 충성된 제자로 살 수 있기를 갈구한다. 어찌 들으면 좀 '막연'하고 '따분'하게 들릴 수 있는 바울의 말(그러니까 그리스도를 위해 투옥된 그때 그가 했던 말)이 오늘 우리의 영혼을 흔들어 깨우기를 기도한다.

"너희가 부르심을 입은 부름에 합당하게 행하여"(엡 4:1).

응원가 #2

곧바로 영광? 야고보와 요한의 과오, 그리고 격변의 시대가 우리에게 준 기회

예루살렘으로 올라가는 예수님은 세 번에 걸쳐 다가오는 자신의 수난과 죽음에 대해 거듭 예언하신다(막 8:31; 9:31; 10:33-34). 그런데 그중 마지막이면서 가장 상세한 세 번째 수난 예언이 마치자마자 '수제자' 그룹에 속하는 야고보와 요한 형제는 자신들이 원하는 것은 무엇이든 다 들어 달라며 주님께 억지로 떼를 쓴다. 필자 같으면 바로 확 다 뒤집어 놓을 만큼 즉시 '열'을 받았겠지만 주님은 그런 제자들을 향해 인내와 친절함으로 반응하시며 그들이 무엇을 원하는지 물으신다. 그때 야고보와 요한은 다음과 같이 대답한다.

"주의 영광 중에서 우리를 하나는 주의 우편에, 하나는 좌편에 앉게 하여 주옵소서"(막 10:37).

막 10:32-45는 예수님의 수난 예언과 이 두 제자의 요구를 극적으로 대비한다. 죽기까지 낮아져 섬기시는 예수님과 그저 높아만 지려는 제자들 간의 대조가 생생히 드러난다. 마가는 자기를 낮추어 섬기는 이가 오히려 크다 여김 받는 하나님 나라의 역설적인 가치와 (가능하면 '고상하게' 그러나 안 되면 악랄하게라도) 높은 곳에서 타인의 섬김을 한바탕 누려보려는 세상 나라의 가치를 극명하게 대조시킨다(막 10:42-45). 예수님은 하나님 나라를 위해 모든 것을 내려놓으신다. 그리고 자신의 십자가 죽음을 통해서 가장 낮은 곳에서 섬기고자 대적자들이 우글거리는 예루살렘으로 향하신다. 그런데 막상 '최측근' 제자 군에 속한다는 야고보와 요한은 자신들만 높은 곳에서 섬김 받게 해 달라고 예수님께 요청하고 있다. 주님은 자신의 수난과 죽음에 대해 거듭 말씀하는데, 주님을 가장 가까이서 따른다는 야고보와 요한은 곧바로 누릴 '영광'만 논한다. 이런 일이 일어나지 않아서 참 다행이지만, 이때 야고보와 요한이 바로 교회 개척을 했으면 '곧바로 영광' 교회를 세웠을 것이다! 그들이 원하는 것은 고난 없는 영화다.

야고보와 요한의 상태가 너무나도 서글프다. 예수님이 정확히 진단해 주신 대로, 이들은 자신들이 무슨 말을 하고 있는지조차 깨닫지 못한다(막 10:38). 더욱이 주님의 말씀을 제대로 이해하지 못한다. 비록 이들이 주님과 열심히 이야기를 나누고 있으나 참된 대화는 부재하다. 이들은 십자가 없는 즉각적 영광이라는 허영에 사로잡혀 그저 자신들이 원하는 바만 줄곧 이야기하고 자신들이 듣고 싶은 바만 취사 선택해서 듣는다(막 10:35-40 참조).

하지만 그런 서글픈 모습이 그리 낯설지 만도 않다. 우리 주변에도 그리스도인이라 자부하면서 '곧바로 영광'의 허영을 추구하는 이들이 적지 않다. 번영신학자들이 가장 대표적인 예다. 하지만 십자가 없는 면류관, 고난 없는 영광을 추구하는 것이 어찌 야고보와 요한만의 모습이며 또 어찌 번영신학자들만의 행태이겠는가? '십자가 없이 면류관 없다!'고 선포하며 공개적으로 번영신학을 정죄하는 우리 역시 은근 슬쩍 두 눈을 잠시 감고 자신만의 은밀한 '곧바로 영광' 추구를 묵인한다. 입으로는 신학적으로 옳은 말만 골라서 하지만, 치유받아 침상을 들고 가는 것(막 2:12)을 좋아할 뿐, 사명을 받아 십자가를 지고 가는 것(막 8:34)은 그다지 좋아하지 않는다. 그렇기에 우리는 예수 그리스도의 십자가 복음 대신 소위 'OO하는 법, O 가지'에 더 쉽게 호응한다. 그래서 우리는 '따분하고 부담스러운' 십자가를 지는 제자도 대신에 자극적이고 화끈한 '사역의 기법'들을 더 좋아한다. 우리는 그렇게 야고보와 요한처럼 '곧바로 영광'이란 허상을 앙모한다.

그러나 마가복음은 그 시작점부터 "곧바로(헬라어: 유쑤스)"라는 부사(adverb)를 통해 복음서의 절정(climax)인 예수 그리스도의 십자가 죽음에 집중하도록 독자들을 이끌어 간다. 마가복음 첫 장에만 10회 이상 등장하는 "곧바로"라는 부사는 복음서 전반에 걸쳐 총 40회 정도 사용되는데, 예수님이 빌라도 앞에서 서시는 장면(막 15:1), 그러니까 그의 십자가 처형 판결로 이어지는 그 장면을 기점으로 종적을 감춘다. 간단히 말해서, 마가는 "곧바로"라는 단어를 통해 독자들을 주님의 십자가로 긴박하게 이끌어 간다. 마가복음에 따르면, 우리가 곧바로 추구해야 할 바는 허영으로 가득 한 세상적 영광이 아니라, 자기를 부인하고 자기 십자가를 지고 그리스도를 따르는 바로 그 일이다(막 8:34, 10:45).

예상치 못한 격변의 시간을 경험하면서 이전에 누리던 것들을 얼마나 당연시했는지 반성하는 목소리가 높다. 그와 함께 우리가 그간 얼마나 하찮은 것들에 목숨 걸며 살았는지에 대한 성찰의 목소리 역시 높다. 아이러니하게도, 삶의 여러 측면에서 큰 상실과 제약을 경험하는 팬데믹의 시간이 사소한 것에 인생 걸고 십자가 제자도에서 '탈영'했던 우리로 하여금 주와 복음을 위해 목숨 거는 인생(10:29-30)으로 복귀할 수 있는 의미심장한 기회라는 생각이 든다. 십자가 없는 승귀(exaltation), 고난 없는 면류관, 제자 됨의 대가 지불 없는 '곧바로 영광'이란 허영으로부터 주님 가신 그 길로 돌이킬 수 있는 절호의 찬스라 여겨진다. 자기 목숨을 많은 사람을 위한 대속물로 내어 주신 예수님의 래디컬(radical)한 섬김을 본받을 수 있는 고귀한 기회라 여겨진다.

'곧바로 영광'을 추구하던 철없는 제자들(이게 꼭 남의 이야기만은 아니다!)을 향한 주님의 질문이 귓가에 생생하게 울려온다.

"내가 마시는 잔을 너희가 마실 수 있으며 내가 받는 침례(세례)를 너희가 받을 수 있느냐?"(막 10:38).